자기 주도적 행복한 리더로 키우는
실전! 가정 하브루타

자기 주도적 행복한 리더로 키우는

실전! 가정 하브루타

배정욱, 정고은 지음

블레싱 북스

📖 추천의 글

하브루타, 하루라도 빨리 시작하세요.

양미경 (고3 학부모)

이 책을 저술한 작가 배정욱님의 권유로 순천 삼산도서관에서 하브루타 수업을 처음 접했다. 하지만 이론으로만 알고 자녀들에게 적용하지 못했다. 어떻게 토론해야 할지 엄두가 나지 않았다.

작가 배정욱님은 정말 훌륭하고 대단한 엄마다. 하브루타를 가정에서 그대로 실천하여 자녀들과 책에 대하여, 인생을 토론하며 대화하는, 말이 통하는 엄마가 되었다.

나처럼 이론만 알고 실천하지 못하는 부모라면 이 책이 꼭 필요할 것 같다. 또 이론을 모르더라도 이 책에는 이론과 실제가 다 들어 있기에 겁낼 필요 없이 그대로 따라 하면 될 것 같다.

하브루타는 아이가 더 크기 전에, 뇌가 아직 말랑말랑할 때, 하루라도 빨리 시작하는 것이 좋을 것 같다.

행복한 자녀, 현명한 부모로 만드는 하브루타 교육

박경하 (초5, 중1 학부모)

배정욱 작가의 《자기 주도적인 아이로 키우는 실전! 가정 하브루타》는 책을 통해 세상을 다른 각도로 바라보고, 어떻게 살아가고 준비해야 할지 깊이 생각하게 했다. 독자들이 인생길을 헤매지 않고 빠르고 안전하게 갈 수 있도록 방향성을 제시해 줄 내비게이션과 같은 책이다.

지금 자녀에게서 '엄마·아빠와는 대화가 되지 않아'라는 말을 듣는 부모라면 이 책에 주목해야 한다. 굳이 부모 말에 순종하라고 강압적으로 소리치지 않아도 아주 현명한 부모가 될 수 있는 하브루타 교육을 소개하고 있다. 현재 강한 자아감과 정체성 형성의 중요한 시기에 있는 자녀를 둔 부모라면 하브루타를 통해 서로 공감, 소통, 대화할 수 있는 지식을 전수 할 좋은 기회가 될 것이다.

배정욱 작가는 세 자녀를 키우며 8년 동안 하브루타를 통해 자기 주도적인 아이로 키운 경험을 자신 있게 소개하였고, 독자들도 함께 경험해 보시길 적극 추천한다.

 **프롤로그**

사춘기 자녀와 말이 통하는 행복한 부모가 되는 법, 하브루타

하루에 몇 분이나 자녀와 대화를 하시나요?
조잘조잘하던 아이들이 어느 순간 입을 닫지 않았나요?
어느 순간 말이 없어진 초등학교 4학년 아들과 다시 의미 있는 대화를 나누고 싶은 마음에 하브루타를 시작했습니다.

"엄마, 오늘은 뭐하셨어요?"
하브루타는 아이의 마음과 입을 열게 했습니다. 고3이 된 아들은 기숙학교에서도 엄마와 전화하고 싶어 춥고 어두운 기숙사 복도에서 한 시간 이상 통화를 합니다.
친구가 없어서가 아닙니다.
엄마와 하브루타를 하고 싶어서입니다.

하브루타를 통해 자녀와 말이 통하는 엄마, 자녀와 함께 성장하는 엄마가 되었습니다. 지난해에는 8년 동안 하브루타를 하며 변화된 삶에 관한 책도 썼습니다.

처음부터 자녀들과 말이 통하는 엄마는 아니었습니다. 아이에게 '엄마의 틀'을 강요했던 엄마, 아이를 힘들게 했던 엄마였습니다.

초등학교 1학년이었던 큰아들은 돌아다니며 어른들과 이야기하며 배우기를 즐기는 아이였습니다. 하지만 그건 공부가 아니라고 생각했습니다. 필자가 생각하는 공부는 자리에 바르게 앉아서 책을 보거나 문제지를 푸는 것이었습니다. 학교에 적응하기 힘들어하는 아이를 돕는다는 생각으로 억지로 공부를 시키려 했습니다.

학교에서는 선생님에게, 집에서는 엄마에게 스트레스를 받던 큰아들은 어디에서도 쉴 수 없었습니다. 초등학교 2학년이 되자 킁킁 소리를 내고, 눈을 찡긋찡긋 감으며 틱을 시작했습니다. 당황스러웠습니다. 아들이 잘못된 것 같아 치유센터를 찾았습니다. 그곳에서 상담을 받고 보니 문제는 아들이 아니었고, 엄마였습니다. 아들에게 엄마의 틀만을 강요한 것이 원인이었습니다.

엄마의 틀을 깨고 보니 아들이 달리 보였습니다. 아들은 많은 사람과 어울리기 힘들어하는 엄마와 달리 누구나와 스스럼없이 어울렸고, 손으로 하는 일에 익숙하지 않은 엄마와 달리 만들기에 재능이 있는 아이였습니다. 엄마의 틀과 생각대로 아니면 어떻게 아이를 양육할 것인가? 필자가 찾은 답은 **'하나님**

께 맡기고 기도하는 것', '공부하는 엄마가 되는 것', 그리고 '하브루타'였습니다.

하나님께 걱정을 맡기니 마음이 편해졌고, 마음이 편해지니 큰아들에게도 편하게 대하게 되었습니다. 엄마가 공부하니 큰 아들도 자신의 인생에 대해 고민하기 시작하며 공부하기 시작 했습니다. 하브루타로 대화하니 서로 스트레스받지 않습니다. 큰아들 덕분에 엄마가 달라지니 둘째 아들과 막내딸은 어릴 때 부터 하브루타를 하며 스스로 꿈을 찾아가는 자기 주도적인 아 이들로 자라고 있습니다.

작년에 《내 마음의 별을 찾는 여행, 하브루타》를 읽으신 부 모님들이 '하브루타 워크시트'나 '매뉴얼'이 있으면 좋겠다고 요청해 주셔서 이 책을 만들게 되었습니다. 《내 마음의 별을 찾는 여행, 하브루타》에서는 어떻게 하브루타를 통해 인생의 방향을 찾아갈 수 있는지 필자 가정의 예와 하브루타의 정신, 원리, 방법 등을 자세히 말했습니다. 이 책에서는 필자가 막내 딸 고은이와 했던 하브루타 중에서 '자기경영', '자기 계발'에 관한 내용만 모아 수록했습니다. 편집과정에서 고은이가 작년 에 출판했던 《하브루타로 책 속 여행》의 내용과 제가 작년에 출판했던 《마음의 별을 찾는 여행 하브루타》의 내용이 조금씩 첨가되어 있습니다. 고은이가 말했던 내용이나 적었던 내용이 많이 첨가되어 공동 저자로 이름 올렸습니다.

10대 청소년들을 말로 가르치기가 쉽지 않습니다. 스스로 깨달아야 합니다. 다행히 부모가 도울 방법은 있습니다. 아이와 함께 책을 읽고 독서 하브루타를 하는 것입니다. 심정섭 작가는 이를 "3자 대화"라고 합니다.

"대화 양식을 크게 세 가지로 나눌 수 있는데, 하나는 일방적인 훈계와 잔소리입니다. 두 번째는 일상에 대한 소소한 수평적인 대화인데 이런 대화는 5분을 넘길 수 없습니다. 마지막이 하나의 책이나 주제를 놓고, 서로 공부하고 대화를 나누는 3자 대화입니다. 이런 대화를 많이 하면 잔소리나 훈계 없이도, 아이들 스스로 삶의 방향성을 찾을 수 있습니다."-《심정섭의 역사 하브루타》 P.13~14

고은이와 필자가 하는 하브루타는 전통 유대인들이 하는 하브루타와 같지도 않고, 완벽하지도 않습니다. 더 깊은 하브루타를 하려면 꼬리에 꼬리를 무는 치열한 논쟁이 필요합니다. 나중에는 그런 논쟁 하브루타도 하려 합니다. 물론 싸우기 위한 논쟁이 아니라 다양한 해답들을 찾아가는 궁극적 목적을 위한 논쟁입니다. 전통 유대인들의 하브루타를 보면 그들은 탈무드의 짧은 내용을 가지고도 여러 가지 방면에서 생각합니다. 질문에 근거를 가지고 답을 하고, 또 다른 근거를 들으며 반박하거나 찬성함으로 논리력을 더욱 키워나갑니다.

전통 유대인들이 하는 하브루타와 같지는 않지만, 필자의 하브루타 목표는 이루었습니다. **필자의 하브루타 목표는 아이들이 첫째로 엄마와 이야기하는 것을 기뻐하는 것이고, 둘째로 책 읽기를 즐기는 것이고, 셋째로 삶의 지혜를 책에서 찾는 것이고, 네 번째로 논리력을 키워가는 것입니다.**

초3 때 드디어 엄마의 틀을 벗어나 자유롭게 자신의 삶을 개척했던 큰아들 종은이는 자신의 꿈을 따라 농업대학에 진학했습니다. 올해 대학을 졸업하고 취업이 아니라, 사업을 시작했습니다. 취업해야 한다는 사람들의 생각보다 자신의 내면의 소리에 귀를 기울인 거지요. 초4 때부터 엄마와 하브루타 했던 둘째 아들 태은이는 고3이 되어서도 책과 인생에 대해 엄마와 몇 시간이고 하브루타를 합니다. 서로에게 좋은 책을 권하고 함께 읽고 이야기를 나눕니다. 어렸을 때부터 엄마와 같이 책을 읽으며 자라 고은이는 중2가 된 지금도 엄마와 책을 읽는 것을 자연스러운 일상으로 받아들여 감사합니다.

하브루타가 무엇인지 완전히 공부하고 하브루타를 시작할 필요는 없습니다. 그러다가는 아이들이 금방 다 커버립니다. 하브루타는 손끝에서 생명이 왔다 갔다 하는 의학적 지식이 아닙니다. 잘못하면 사고가 나는 운전도 아닙니다. 하브루타는 지식과 지혜를 함께 찾아가는 질문과 대답들을 서로 경청하고 근거를 찾아가며 말하는 토론의 과정입니다.

하브루타가 무엇인지 확실히 몰라도 사랑하는 마음으로 서로의 말을 들어 줄 마음만 있으면, 누구나 어디서든지 하브루타를 시작할 수 있습니다. 이 책을 참고하여 하브루타를 하시면 자녀들이 스스로 꿈을 갖고, 책을 읽고, 공부하고, 좋은 습관을 만들어 갈 것입니다. 만약 청소년이 이 책을 본다면, 이 책을 참고하여 깊은 사색을 하고, 친구들과도 하브루타를 할 수 있습니다. **이 책을 읽으시는 모든 독자가 생각하고 행동하는 자녀, 경청하고 존중하는 부모가 되어 행복한 가정을 이루시기 바랍니다.** 그것이 바로 필자가 이 책을 쓴 목적입니다.

마지막으로 이 책이 나오는 데 도움을 주신 분들께 감사를 전하고 싶습니다. 하나님이 주신 종은이, 태은이, 고은이, 삼남매에게 감사합니다. 이 책을 쓸 수 있게 된 것은 이 세 아이 덕분입니다. 처음에는 분명 필자가 자녀를 양육했는데, 하브루타를 하고 보니 함께 성장하고 있습니다. 자녀들은 하나님이 주신 가장 귀하고 무서운 선생님들입니다. 또 출판을 위해 애써주신 블레싱 북스 정인균 대표와 기도로 응원해 주신 어머니 박경자 전도사님과 아버지 배기남 장로님께 감사드립니다. 모든 상황 가운데 합력하여 선을 이루어 가시는 하나님의 은혜에 감사합니다.

추천의 글 • 4

프롤로그 • 6

1부 하브루타를 하기 위해 꼭 알아야 할 것들

1장 하브루타란? • 15
1. 왜 자녀와 하브루타를 해야 하나? • 17
2. 하브루타의 목적은? • 19
3. 하브루타의 전제조건 • 20

2장 어떻게 하브루타를 해야 하나? • 23
1. 경청이 먼저다. • 24
2. 하브루타의 핵심은 질문이다! • 25
3. 하브루타 학습의 삼각모형 • 27
4. 하브루타 매뉴얼 • 30

2부 실전! 가정 하브루타

1장 꿈과 비전이 있는 아이 • 35
1. 내가 사는 이유는? 《내가 만난 꿈의 지도》 • 40
2. 꿈과 비전을 이루려면? 《보물지도》 • 56

2장 독서로 생각을 깊고 넓히는 아이 • 75
1. 생각을 깊고 넓게 하는 방법은? 《생각하는 인문학》 • 81
2. 성공하는 사람들의 공통된 습관은? 《독서 불패》 • 124

3장 꿈을 위해 노력하는 아이 • 147
1. 공부가 재미있어지려면?
   《이렇게 공부가 재미있어지는 순간》 • 151
2. 공부가 잘하려면?
   《공부가 좋아지는 허쌤의 공책레시피》 • 185

4장 좋은 습관을 만들어 가는 아이 • 189
1. 좋은 습관을 만들고 싶다면? 《이기는 습관》 • 193
2. 정리하는 습관을 기르려면?
   《어린이를 위한 정리정돈》 • 213

5장 돈을 벌고 관리할 줄 아는 아이 • 225
1. 부자가 되고 싶다면? 《12살에 부자가 된 키라》 • 231
2. 위대한 부자가 되고 싶다면? 《위대한 상인의 비밀》 • 244
3. 부자가 되는 생각은 뭘까? 《웰씽킹》 • 258

에필로그 • 283
참고한 책들 • 289

1부

하브루타를 하기 위해 꼭 알아야 할 것들

1장
하브루타란?

📖 1장 하브루타란?

"철이 철을 날카롭게 하는 것 같이
사람이 그의 친구의 얼굴을 빛나게 하느니라."
- 잠언 27장 17절

하브루타란 유대인들의 교육 방법으로 짝을 지어 질문하고 대답하고 토론하고 논쟁하며 답을 찾아가는 공부법이다. 하브루타 짝은 서로 경쟁하는 것이 아니라, 서로에게 가르치고 배움으로 함께 성장해 나간다. 하브루타 짝은 꼭 같은 나이의 친구가 아니어도 대화가 가능한 누구라도 될 수 있기에 언제 어디서든지 누구에게든지 배울 수 있는 최고의 공부법이다.

여러 고난으로 이리저리 옮겨 다니며 살아야 했던 유대인들은 교사나 학교가 없어도, 언제나 이렇게 함께 배우고 공부했다. 그 결과 크기는 작지만, 세계에서 노벨상을 가장 많이 받은 나라, 세계 정치·경제·금융·법·문화 등 사회 전반에 걸쳐 가장 영향력이 있는 나라가 되었다.

1. 왜 자녀와 하브루타를 해야 하나?

주입식으로 선생님이나 부모가 일방적으로 학생이나 자녀들을 가르치는 것은 아이의 자율성을 파괴하며, 공부의 진정한 기쁨을 느끼지 못하게 한다. 어른들이 다른 사람이 시키는 일을 하기 싫어하듯이 아이들도 억지로 하는 공부는 싫다. 공부의 진정한 기쁨은 새로운 것을 알아가고 배워가는 것인데, 이것은 스스로 더 알고 싶어 공부할 때 얻을 수 있다.

하브루타는 아이 스스로 생각하게 하고 자기 주도적으로 인생을 살아가도록 한다. 세상을 알아가고자 하는 호기심에서 자발적으로 몰입하여 공부하게 하고, 진정한 배움의 기쁨을 깨닫게 한다.

지금은 4차 산업 시대이다. 디지털 기술, 인공지능, 로봇공학, 바이오 기술이 발달하여 많은 직업이 사라지고, 새로 만들어지는 시대이다. 지금 40대인 우리의 부모세대에 있었던 '평생직장'을 이제는 찾아보기 힘들다. 부모도 미래가 어떻게 될지 모르는 현시대에 부모의 생각만 아이에게 강요한다면 아이는 결국 시대에서 도태될 것이다.

그렇다면 어떻게 자녀들을 교육해야 할까? 2015년 개정 교육과정에서 <u>미래 사회가 요구하는 인재상의 핵심역량을 6C, 즉 자</u>

1장 하브루타란?　**17**

기 관리 역량(Confidence), 지식 정보 처리 역량 (Contents), 창의적 사고 역량 (Creative Innovation), 심미적 감성 역량 (Critical Thinking), 의사소통 역량 (Communication), 공동체 역량 (Collaboration), 6가지로 꼽고 있다.

우리는 하브루타를 통해 자녀가 스스로 재능을 찾고 발견하고 키워나가 4차 산업 시대에 인재가 되도록 도울 수 있다. <u>하브루타 대상은 자신과 본문과 하베르(하브루타의 짝), 세 가지이다.</u> 자기 자신과 끊임없는 하브루타로 <u>①자기 관리 역량(Confidence)</u>이 향상된다. 하브루타 본문과 깊이 있는 하브루타로 본문이 말하고자 하는 것을 찾아내는 <u>②지식 정보 처리 역량(Contents)</u>이 강화된다. 하베르(하브루타의 짝)와 치열하게 질문하고 대답하고 토론하고 논쟁하는 동안 그들의 뇌는 치열하게 격동하고, 결과적으로 <u>③창의적 사고(Creative Innovation)</u>와 <u>④비판적 생각하는 능력(Critical Thinking)</u>이 향상되고, 함께 대화하며 문제를 해결하는 <u>⑤의사소통(Communication) 역량</u>과 <u>⑥공동체 역량(Collaboration)</u>이 강화된다. 부모가 아이를 일방적으로 가르치는 시대는 끝났다. 평생 교육의 시대에 부모가 먼저 하브루타를 통해 자신의 꿈을 이뤄가는 모범을 보이며, 아이와 하브루타를 할 때 함께 성숙해 간다.

세 아이의 엄마인 나도 하브루타를 통해 아이들과 함께 배워

간다. 사실 같이 책을 읽으며, 함께 생각하고 이야기하다 보면 내가 아이들에게서 배우는 것이 더 많다. 나의 세 아이는 나의 가장 훌륭한 스승들이다. 나도 또 아이들에게 훌륭한 롤모델이 되고자 매일 노력한다. 이 노력이 내 정신을 늙지 않게 하고, 삶을 보다 의미 있게 만들어 간다.

2. 하브루타의 목적은?

하브루타를 하는 유대인들이 아이비리그 대학으로 가장 많이 진출한다는 소문에 우리나라에서도 여기저기에서 하브루타 교육을 시작했다. 많은 하브루타 모임이 생겼고, 하브루타 학원도 생겼다. 하지만 하브루타의 목적은 많은 사람이 선호하는 좋은 대학이나 직장에 들어가기 위한 것이 아니다.

유대인들의 하브루타 목적은 여호와 하나님이 주신 율법인 토라(창세기, 출애굽기, 레위기, 민수기, 신명기 등 모세오경)의 뜻을 잘 깨닫고 실천하기 위한 것이다. 또한, 이 세상에서 하나님의 선하신 뜻을 이루며 선한 영향력을 나타내는 리더가 되기 위한 교육이다. **우리의 하브루타 목적도 좋은 대학, 좋은 직장이 아니라, 하나님의 뜻을 깨닫고 실천하기 위한 것이어야 한다.** 경쟁에서 살아남아 나만 잘 먹고 잘살기 위한 것이 아니라, 하나님이 주신 아름다운 세상을 모두가 함께 행복하게 살아가기 위한 것이어야 한다. 다른 사람의 것을 빼앗기보다 그들의 필요를 채워주기 위해 연구하는 사업가들이 더 성공한다. 경쟁에서 이겨 Top이 되기 위한 공부가 아니라, 다른 사람들의 어려움을 볼 줄 알고 채워줄 줄 아는 섬기는 리더가 되기 위해 공부할 때 모두가 행복한 세상이 된다.

3. 하브루타의 전제조건

자녀와 하브루타를 하기 위해 가장 필요한 것이 무엇일까? **하브루타를 하기 위해서는 먼저 부모와 아이의 관계가 좋아야 한다**. 서로 얼굴도 보기 싫고, 말만 하면 싸우게 되는 관계로는 하브루타가 할 수 없다.

어떻게 하면 부모와 자녀가 좋은 관계를 맺을 수 있을까? **'충조비판'(충고, 조언, 비난, 판단)하지 않고, '경청'하면 된다.** 자녀가 말할 때 충고나 조언이나 비난이나 판단의 말을 해서는 안 된다. 물론 사랑하는 마음에 충고해 주고 싶은 말도 조언해 주고 싶은 말도 너무 많다. 하지만 아무리 좋은 충고나 조언도 자녀가 들을 준비가 되어 있지 않은 상태에서는 잔소리에 지나지 않는다.

아이들이 처음부터 입을 다물지는 않았다. 아이들이 어린 시절, 존재만으로 사랑받았던 시기에는 부모와 관계에 큰 문제가 없었다. 하지만 고학년이 되면서 '성적'은 부모와 아이 사이에 장벽이 되어, 말이 통하지 않는 사이로 만들어 버린다. 때로는 아이가 이야기 하고 싶어도 부모들은 너무 바빠서 앉아서 들을 마음의 여유가 없다. 듣더라도 건성으로 듣거나, 꾸중이나 잔소리로 끝나기가 쉽다.

부모는 먼저 들어야 한다. 그냥 듣는 것이 아니라, 하던 일을 내려놓고 아이를 보며 집중하여 아이의 말을 들어야 한다. 어떠한 조언이나 충고도 하지 말고, 비난이나 판단도 하지 말고, 아이의 말 그대로를, 존재 그대로 사랑하는 마음으로 들어야 한다.

마음으로 듣기 위해서는 '공간 확보의 기술'이 필요하다. 한근태 작가는 《고수들의 질문법》에서 대화에서 가장 중요한 것이 '공간 확보의 기술'이라고 한다. "자기 확신으로 가득 찬 사람, 자기 이야기만 하는 사람, 쉽게 결론을 내리는 사람, 선입관과 고정관념에 얽매인 사람, 남의 이야기를 들으려 하지 않는 사람, 공부하지 않으면서 세상만사를 다 안다고 착각하는 사람들"과는 대화하기가 싫어진다. 그들은 다른 사람들의 말을 들어줄 마음의 공간이 없기 때문이다. 그런데 부모는 자녀들과 이야기할 때, 자기도 모르게 그런 꼰대가 되곤 한다.

하브루타로 아이들을 키운 지 9년째 된 나도 아직 아이들과 대화할 때 먼저 나 자신과 싸워서 이겨야 한다. 마음속의 선입관과 고정관념을 버리려고 노력한다. 돌아보면 아이를 내 소유인 것처럼 내 마음대로 하려고 할 때가 종종 있다. 아이를 나와 다른 별개의 인격으로, 하나님이 내게 잠깐 맡기신 선물이라고 생각하면 도움이 된다. '내 마음은 잔잔한 호수다'라고 생각하고, 아이가 말하는 것 그대로, 'ㅇㅇㅇ 했구나', 'ㅇㅇㅇ 라고 생각하는구나'라고 받아주려고 노력한다.

부모가 자신의 말을 진심으로 반영하며 경청하며 들어줄 때, 아이는 부모의 말을 들을 준비가 된다. 그때 하브루타를 하면 된다. 하브루타를 어떻게 할지는 다음 장에서 알려줄 것이다.

2장

어떻게 하브루타를 해야하나?

📖 2장 어떻게 하브루타를 해야 하나?

"수치불문(羞恥不問)
모르면서 묻지 않는 것을 부끄러워 하라."
- 한근태의《고수의 질문법》, 미래의 창, p.134

1. 경청이 먼저다.

"엄마, 엄마는 이 문제에 대해 어떻게 생각하세요?"
평소에 부모가 아이들의 말을 경청하며 들어주면, 아이들이 먼저 말을 걸어온다. 새로운 것을 알게 되었을 때 그것에 대해 부모와 이야기를 나누고 싶기 때문이다. 이때가 하브루타 하기 좋은 때이다. 아이가 질문할 때라도, 성급하게 부모의 생각을 답해 주기 전에 아이의 생각을 물어봐 주라.

"네 생각은 어떻니?"
"어떻게 그렇게 생각하게 되었니?"

생각의 근거를 질문하기 위해 "왜 그렇게 생각하니?"라고 질문해야 하지만, "왜"가 들어간 질문은 듣기에 따라 심문받는 느낌이 들 수 있어서 "어떻게"로 질문하는 것이 좋다. 아이가 말이 때로는 시시하게 느껴질지라도, 절대 무시하지 말고, 대단한 사실을 듣는 듯이 경청하며 들어주어야 한다. 그래야 아이가 계속 말할 맛이 난다. **별 것 아닌 것 같은 아이들의 말도 감탄하며 열심히 들어주면, 어느 순간 아이들은 정말 감탄할 만한 놀라운 생각들을 말한다.**

2. 하브루타의 핵심은 질문이다!

하브루타의 정의는 '짝과 질문과 대답과 토론과 논쟁으로 함께 답을 찾아가는 공부법'이라고 했다. 이러한 정의에서 보듯이 하브루타의 시작이 '질문'이다. 하브루타를 시작할 수 있고, 지속할 수 있고, 끝맺을 수 있는 것은 서로를 존중하는 마음으로 하는 '적절한 질문'이다.

왜 이렇게 질문이 중요할까?

첫째, 질문은 생각하게 한다. 좀 전까지 '질문'에 관해 별생각이 없었던 사람에게 '왜 질문이 중요할까요?'라고 질문하면,

질문의 중요성에 대해 생각하게 된다.

'왜 소의 우유를 짜는 여인들은 천연두에 걸리지 않았지?' 생각한 에드워드 제너가 '종두법'을 개발하여 천연두를 예방하게 되었다. '왜 사과는 아래로 떨어질까?' 질문한 뉴턴이 '만유인력의 법칙'을 알아내었다.

이처럼 질문은 익숙해 보였던 것도 새로운 관점으로 보게 되고, 사고를 확장하게 하고, 문제해결력과 통찰력을 길러준다.

둘째, 질문하면 답을 얻는다. 길을 잃어버렸을 때도 'ㅇㅇㅇ로 어떻게 가지요?'라고 물으면 정보를 얻을 수 있다. 수업 시간에 궁금한 것이 있어도, 질문하면 답을 얻을 수 있다. 기억법에서도 자기가 질문 한 것과 그 답은 '에피소드 기억'으로 저장되어 더 오래 생각난다고 한다. 요즈음은 챗봇이 발달하여 질문만 잘 하면 빠르게 답을 얻을 수 있다. 하지만 사람에게든 챗봇에게든 정확한 답을 얻기 위해서는 구체적으로 질문을 해야 한다.

셋째, 질문하면 마음을 다스릴 수 있다.
"이 상황이 정말 내가 화를 낼 만한 가치가 있는 것인가?"
"무엇이 나를 화나게 하지?"
"어떻게 해야 관계를 망치지 않고 문제를 해결할까?"
스스로 질문하다 보면, 흥분한 감정을 다스리며, 이성적인 사고로 상황을 바라볼 수 있게 되고 통제할 수 있게 된다.

넷째, 질문하면 스스로 생각하도록 돕는다.

누군가를 설득하는 최고의 방법은 질문을 통해 스스로 설득하게 하는 것이다. 다른 사람의 강요로 사람이 바뀌기는 쉽지 않다. 엄마들이 잔소리해도 아이들이 변하지 않는 것이 그 때문이다.

"네가 전화한다고 약속하고, 전화를 안 하면 어떻게 될까?"
"이런 일이 다시 일어나지 않게 하려면 어떻게 해야 할까?"
"이렇게 늦게 자면, 내일 아침에는 어떻게 될까?"

적절한 질문으로 자신이나 다른 사람이 스스로 생각하도록 도울 수 있다.

3. 하브루타 학습의 삼각모형

유대 교육학자 엘리 홀저(Elle Holzer)는 《하브루타란 무엇인가?》에서 '하브루타 학습의 삼각모형'을 소개한다. 하브루타의 학습 과정은 하베르(하브루타 짝)와 함께 본문이 말하고자 하는 진정한 의미를 같이 찾아가는 과정이다. 이때 하브루타를 하는 내가 하브루타를 하며 대화를 나누어야 하는 대상은 **하베르(하브루타의 짝)뿐 아니라, 본문과 자신, 이렇게 세 파트너**이다.

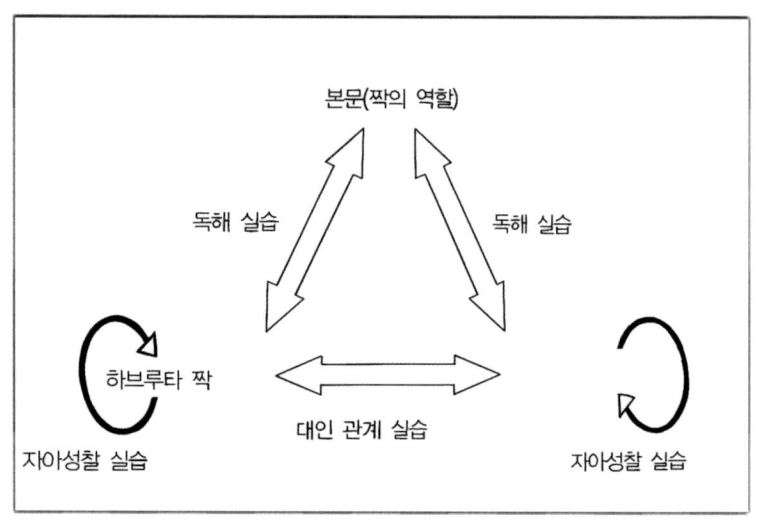

<u>하브루타 본문</u>은 단순히 종이 위에 쓰인 글이 아니라, <u>하브루타의 첫 번째 파트너</u>이다. 하베르와 토론을 하기 전에 먼저 본문이 하고자 하는 말을 경청하는 자세로 읽고 질문해야 한다. 내 목소리를 본문에게 빌려준다는 마음으로 크게 소리 내어 본문을 반복해서 읽고, 본문을 풀어서 설명하고, 본문의 구조를 분석하고, 본문에게 질문을 하며, 핵심어와 핵심 의미를 찾아내어야 한다. 즉, **독해(讀解)**를 하는 것이다.

<u>하브루타의 두 번째 파트너는 자기 자신</u>이다. 본문을 독해하거나 하베르의 의견을 경청함으로 자신의 선입견, 가치관, 신념 등을 인식하고 발견하는 **자아 성찰**을 하는 것이다.

하브루타의 세 번째 파트너는 하베르(하브루타 짝)이다. 자신의 의견을 근거를 들어 말하고, 상대방의 의견을 경청하고, 근거를 들어 찬성이나 반대하며, 해석을 지지해 주거나 문제를 제기한다. 지지하거나 문제를 제기하기 전에 먼저 경청해야 한다. 이때, "**당신 말의 의미는 000입니까? 더 이야기해 주시겠어요?**"라고 질문하며, 내가 듣고 싶은 것이 아니라, 하베르가 정말 말하고자 하는 것이 무엇인지 먼저 듣는 것이 중요하다. 또한 "**당신의 의견에 대한 근거는 무엇입니까?**" 질문하며 하베르가 본문에서 근거를 제시할 수 있도록 돕는다. 지지나 문제를 제기할 때는 왜 지지하는지 왜 반대하는지 본문에서 근거를 제시하며 말해야 한다. **하브루타는 이기기 위한 토론이 아니라, '철이 철을 날카롭게 하듯이' 서로를 돕기 위한 것이라는 기본 정신을 잊어서는 안 된다**.

그냥 한 번 읽고 지나가도 될 것 같은 본문을 왜 이렇게 시간과 노력을 들여서 하브루타를 할까? 하브루타는 본문과 하베르의 의견을 경청하고, 내 생각을 언어로 잘 표현하며, 서로 도우며 본문의 바른 의미를 찾아가는 과정이기 때문에 시간과 노력을 들여야 한다. 하지만 이 과정을 통해 암기력 · 비판적 사고력 · 협동심이 향상되고, 윤리적 · 영적으로 성숙하게 된다.

4. 하브루타 매뉴얼

하브루타는 그 방법과 매뉴얼이 다양하다. 서로 존중하고 경청하며 질문하고 답하며 문제의 본질을 파악해 가기만 한다면, 여러 가지 방법으로 해 보아도 좋다. 그런 의미에서 하브루타 공부법 자체가 창의적이다.

내가 고은이와 주로 하는 하브루타 매뉴얼은 다음 세 가지 정도로 정리할 수 있다. 다음 세 가지 기본 틀 안에서 다양하게 변용하여 사용한다.

(1) 질문 하브루타

'질문 하브루타'는 본문을 읽고 각자가 질문을 만든 다음, 그 만든 질문으로 서로 질문하고 대답하는 하브루타이다. 처음에는 질문을 만들기 어려워하는 아이들도 자꾸 하다 보면 질문들이 점점 예리해지는 것을 느낄 수 있다.

아이에게 질문하는 능력을 키워주는 다양한 방법들과 질문놀이 등은 《마음의 별을 찾는 여행 하브루타》에 자세히 기록되어 있다.

(2) 7 키워드 하브루타

'7 키워드 하브루타'는 '진북(진짜 독서를 위한 ZinBook)'의 서상훈, 유현심 대표가 개발한 것으로 효과적인 하브루타 독서토론을 위해 '**낭독, 재미, 경험, 궁금, 메시지, 중요, 필사**'의 7가지의 키워드로 질문을 하며 토론하는 방법이다.

"이 책을 **낭독**하니 어떤 느낌이 들었나요?"
"어떤 부분을 **낭독**해 주고 싶나요?"
"왜 그 부분을 **낭독**해 주고 싶나요?"
"책을 읽으며 **재미**있던 부분이나 **감동**적인 부분이 있었나요?"
"재미뿐 아니라 슬픔, 분노 등 다양한 감정이 들었던 부분은 어디인가요?"
"왜 그 부분이 **재미**있었어요? (슬펐어요?, 화가 났어요?)"
"책에 나온 내용과 비슷한 **경험**을 한 적이 있나요?"
"책을 읽으면서 **궁금**했었던 것은 무엇인가요?"
"책의 어떤 등장인물에게 **궁금**한 것이 있나요?"
"책을 읽으면서 내게 **중요**하게 다가오는 부분이 있나요?"
"작가는 무엇을 말하려는 **메시지**는 무엇일까요?"
혹은 "작가는 어떤 이야기를 하고 싶었던 것일까요?"
"어떤 부분을 **필사**하고 싶은가요?
내 마음을 두드린 명문장이나 명대사를 써 봅시다."
"왜 그 부분을 **필사**하고 싶은가요?"

이렇게 7가지 키워드로 질문하고 답하다 보면, 한번 읽고 잊어버릴 수 있는 많은 내용이 기억에 남는다. 7가지 키워드로 질문할 때마다 다시 보고, 더 깊이 생각하고, 말하면서 기억한다. 또한, 다른 사람들이 말하는 것을 들음으로 본문에 대한 이해나 삶에 대한 이해가 더욱 입체적으로 조명된다.

(3) 본깨적 하브루타

'본깨적'은 '본 것과 깨달은 것과 적용할 것'의 줄임말이다. '3P 자기경영 연구소'에서 책을 읽고, 정리하는 방법으로 개발했다. 책을 읽고 마음에 와닿는 본문을 '본 것'이라 하고, 그것이 어떻게 느껴지는지가 '깨달은 것'이고, 어떻게 내 삶에 적용하여 실천할 것인가 하는 것이 '적용할 것'이다. '본깨적' 독서법은 책을 읽고 깨닫는 것에 그치지 않고 실천까지 하게 한다.

고은이와 하브루타를 할 때, 한 책에 여러 가지 이야기가 나오기도 한다. 그럴 때는 보통 본깨적 하브루타로 이야기마다 중요하게 와닿는 부분과 이유를 한두 개씩 이야기하고 어떻게 실천할지 말한다.

'질문 하브루타', '7 키워드 하브루타', '본깨적 하브루타'를 어떻게 적용했는지는 다음 2부에서 자세히 알려줄 것이다.

1장

꿈과 비전이 있는 아이

1장 꿈과 비전이 있는 아이

"The future belongs to those who believe in the beauty of their dreams. (미래는 그들이 가진 꿈의 아름다움을 믿는 사람들에게 속한다)"
- Eleanor Roosevelt(엘리너 루즈벨트)

"돈 많은 백수요!"

꿈이 뭐냐고 물어보면 그냥 놀고먹는 백수가 되고 싶다는 아이들이 많다. 한 번뿐인 인생을 아무 생각 없이 공부에 쫓겨서, 먹고 사는 일에 쫓겨서, 정말 하고 싶은 일이 무엇인지도 모르고 죽는 것은 너무 허무하다.

죽어가는 순간에 어떻게 자신이 이룬 많은 꿈과 추억들을 생각하며 만족하며 죽을 수 있을까? 하나님은 사람에게 생명을 주시고, 그 생명을 가진 동안 사랑하며 살도록 각 사람에게 서로 다른 꿈과 재능을 주셨다.

"그(예수님)가 우리를 대신하여 자신을 주심을 모든 불법에서 우리를 속량하시고, 우리를 깨끗하게 하사 **선한 일을 열심히 하는 자기 백성**이 되게 하려 하심이라." - 디도서 2장 14절

하나님이 주신 꿈과 재능은 우리 자신만을 위해 사용하라고 주신 것이 아니라, 세상을 보다 아름답게 만드는 일에 사용하라고 주신 것이다. 그러기에 **하나님이 내 마음에 주신 '꿈'은 나의 '사명'이 된다**.

그럼 '꿈'과 '장래 희망'은 같은 것일까? **꿈이란 '장래 희망'이 아니라, '인생의 방향성'을 말한다.** 만약 장래 희망이 '의사'라면, 꿈은 '아픈 사람들을 치료해 주는 것'이라고 할 수 있다. 꿈이 '아픈 사람들을 치료해 주는 것'이라면, 아픈 사람들을 치료해 주기 위해 장래 희망이 의사, 간호사, 약사, …등이 될 수 있다. 만약 꿈이 '어려움을 당한 사람들을 법으로 돕는 일'이라면, 장래 희망으로 판사, 검사, 변호사, 법무사 …등이 될 수 있다. 이렇게 꿈은 단순히 어떤 직업을 말하는 것이 아니라, 앞으로 어떤 일을 하며 살고 싶은지 더 넓은 의미의 인생의 방향을 말한다.

자신이 좋아하고 잘하는 것을 꿈으로 인생의 방향을 잡는다면, 변화무쌍한 세상에서 직업은 바뀌더라도 인생 자체는 흔들림 없이 자신만의 길을 갈 수 있다.

꿈이 '사명'이고 내가 가고자 하는 '인생의 방향성'이라면, '비전'은 무엇일까? '비전'은 보통 '꿈'과 비슷한 단어로 사용되지만, 어원적으로 볼 때 '비전'은 '보는 것'을 의미한다. 비전(Vision)의 어원은 라틴어로 '비데레(Videre)'로 '보다'라는 의미이다. 인생의 방향성인 '꿈'을 세우고, 꿈을 이루기 위해 '목표'를 세우고 '실천'을 하다 보면, 꿈이 명확해지고 꿈에 대한 '확신'이 생긴다. 이러한 꿈에 대한 확신이 '비전'이다. 거울에서 자신의 얼굴을 보듯이 **꿈을 이루기 위한 목표를 실천함으로 자신의 미래에 대한 확신을 갖고 보는 것이 비전이다.**

'꿈과 비전'은 인생의 내비게이션과 같다. 내비게이션 없이 엉뚱한 곳에서 헤매며 인생을 낭비하지 말자.

몇 년 전에 소형 자가용으로 고속도로를 달리다가 갑자기 차가 멈춘 적이 있다. 차들이 시속 100㎞ 이상 날리는 고속도로 중간에 서게 되자, 너무 당황스럽고 겁이 났다. 자동차가 어느 날 더 달리지 못하고 멈추듯이, 우리 인생도 어느 날 멈출 것이다. 서서히 멈출 수도 있고, 갑자기 멈출 수도 있다. 엉뚱한 곳에서 무의미하게 시간 낭비하지 말고, 보람차고 행복한 삶을 살기 위해서는 '꿈과 비전'이 필요하다.

'꿈과 비전'을 발견하기 위해서는 바쁜 시간 속에서도 한 번씩 멈추어 자신을 돌아볼 '생각'을 하는 시간이 필요하다.

'나는 어떤 일을 할 때 가슴이 뛰지?'
'나는 어떤 일을 잘하지?'
'내가 사랑하고 돌보고 싶은 대상은 누구이지?'
아이들과 하브루타 하는 시간이 바로 그렇게 멈추어 돌아보고 생각하는 시간이다.

고은이와 《내가 만난 꿈의 지도》와 《보물지도》를 하브루타 하며, 꿈과 비전에 관한 이야기를 깊이 나눌 수 있었다.

- 1 -
내가 사는 이유는?
《내가 만난 꿈의 지도》

《내가 만난 꿈의 지도》 ⓒ 유리 슐레비츠, 시공주니어

《내가 만난 꿈의 지도》는 네 살 때 2차 세계대전을 겪어야 했던 '유리 슐레비츠' 자신의 이야기이다. 유리 슐레비츠는 1935년에 폴란드 바르샤바에서 태어났다. 그가 네 살이었던 1939년 바르샤바에도 전쟁이 덮쳤고, 폭탄이 그의 아파트 계단에 떨어졌다. 그는 가족과 함께 바르샤바를 탈출하여 유럽을 떠돌며 어린 시절을 보냈고, 1947년 마침내 파리에 정착했다. 그 후 파리와 이스라엘과 뉴욕에서 미술을 공부했고, 많은 사람에게 감동을 주는 그림책 작가가 되었다.

《내가 만난 꿈의 지도》는 그가 네다섯 살 때, 소련(지금의 카자흐스탄 투르키스탄)에 정착한 지 얼마 안 되었을 때의 이야기이다. 모든 것을 잃고 빈손으로 피난 가야 했던 그의 가족은 먹을 것도 입을 것도 부족했다. 손바닥만 한 방에서 낯선 부부와 함께 살아야 했던 그의 가족은 늘 배가 고팠다.

그러던 어느 날 빵을 사러 시장에 갔던 아빠는 '빵'이 아니라, '지도'를 사 왔다.
"그 돈으로는 손톱만 한 빵밖에 못 사겠더라고. 그걸 먹어도 배고프긴 마찬가지일 거야."
배가 고파 종일 아빠만 기다렸던 그는 화가 났고, 아빠를 절대 용서하지 않겠다고 생각했다. 하지만 한쪽 벽을 가득 채운 지도를 보며 그의 마음이 바뀌기 시작했다.

알록달록한 지도의 여기저기를 낱낱이 살피고, 따라 그리며, 지도 속 지명들을 되뇌었다. 주문을 외듯 지명들을 읽다 보면, 거짓말처럼 지도 속 세계로 여행도 떠날 수 있었다. 뜨거운 사막으로 가기도 하고, 시원한 바닷가도 달리기도 하고, 눈 덮인 산을 오르고, 신비로운 사원도 구경하고, 건물들이 빼곡한 도시에도 갔다. 어느새 그는 아빠가 사 온 지도를 사랑하게 되었고 아빠를 용서했다.

표정이 살아있는 그림과 글이 어우러지는 멋진 그림책이다.

책을 읽으며, '꿈을 꾸지 못할 만큼 가난한 사람은 없다'라는 생각이 들었다. 사실 부유해도 꿈이 없는 사람들이 많다. 겉으로 보이는 부가 진정한 부가 아니다. 돈이 많아도 꿈이 없는 부자는 진정한 기쁨을 누릴 수 없고 공허하기 때문이다.

유리 슐레비츠의 아버지가 돈이 많아도 먹을 것만 잔뜩 사 왔다면, 유리 슐레비츠가 온 세상을 마음에 품고 꿈꾸는 사람으로 자랄 수 있었을까? 자녀의 최선을 위한 아빠의 어쩔 수 없는 선택을 통해 유리 슐레비츠는 따뜻한 마음을 가진 화가이자 작가가 되었다.

꿈이 있는 사람은 절망 가운데서도 웃을 수 있고, 다시 일어설 수 있다. 《안네의 일기》를 쓴 안네도 비록 수용소에서 죽었지만, 숨어지내는 그 순간에도 작가의 꿈을 갖고 공부하고 일기를 썼다. 비록 그녀는 수용소에서 언니의 죽음을 보며 낙심하며 죽게 되었지만, 그녀가 쓴 일기는 오늘까지 읽혀지고 있다. 안네는 죽어서라도 마침내 작가의 꿈을 이루었다.

모든 발명과 중요한 사건들이 꿈을 꾸는 것에서 시작했다. 어두운 곳에서도 책을 보고 싶은 꿈이 에디슨이 전기를 발명하게 했고, 하늘을 날고 싶은 꿈이 라이트형제가 비행기를 발명하도록 했다.

<u>또한, 꿈이 있는 사람은 불가능해 보이는 현실의 문제들도</u>
<u>뚫고 나갈 수 있게 된다.</u> 그들에게는 살아야 할 분명한 이유가
있기 때문이다. 《죽음의 수용소에서》을 쓴 빅터 프랭클은 아우
슈비츠 수용소에 수감 되어 있던 중, 아내와 자녀를 만난다는
꿈을 가진 사람들이 수용소에서 더 오래 생존하는 것을 관찰했
다. 그들은 유리 조각으로 면도하고, 하루 한 컵 배급되는 물을
아껴 양치하며 끝까지 삶을 포기하지 않았다.

　　빅터 프랭클 자신도 살아남아야 할 분명한 이유가 있었다.
정신과 의사였던 그는 수용소에 들어가면서 출판하려던 원고를
빼앗겼다. 수용소에서 나오면 그 원고를 출판해야 한다는 생각
으로 매일 그 원고 내용을 기억하며, 책을 쓰기 위해 사람들을
관찰하며 수용소에서 보내는 시간을 견디었다. 마침내 그는 죽
음의 수용소에서 살아남아 '로고테라피'라는 정신의학을 만들었
다. '로고테라피'의 '로고'는 의미를 뜻하는 그리스어인 '로고스
(logos)'를 뜻한다. '로고테라피'는 '의미를 찾고자 하는 인간의
의지'가 삶의 동력이 되어 삶의 어려움을 이겨내는 치료기술이
다. 우리가 어떤 인생을 살고 싶다고 소망하는 '꿈'은 우리에게
'로고스'가 되어 우리의 삶을 더 활기 있게 만들어 준다.

　　하지만 아무리 꿈이 중요해도, <u>'내가 만약 아빠였다면 과연</u>
<u>지도를 사 왔을까?'</u>라는 생각도 들었다. 그러지 못했을 거 같
다. 꿈과 미래가 중요하기는 하지만, 지금 배고파하는 아이들을

생각하면 적을지라도 빵을 사 갔을 거 같다. 그러고 보면 유리 슐레비츠의 아빠는 정말 대단한 사람이다.

내겐 아이에게 '빵'이 아닌, '지도'를 사다 줄 용기는 없다. 하지만 아이에게 '높은 성적'을 강요하지 않고, '함께 책을 읽는 엄마'는 될 수 있다. 물론 아이에게 '빵'과 '지도'를 함께 사 줄 수 있는 '마음 따뜻하고 능력 있는 엄마'가 되고 싶다.

내 아이에게도 꿈을 가지게 하고 싶다. 어떤 어려움이 오더라도 이겨내고, 한 번뿐인 삶을 멋지게 살도록 고은이 인생에 내비게이션이 되어 줄 꿈을 가지길 바라는 마음으로 《내가 만난 꿈의 지도》를 같이 읽으며 하브루타 했다.

《내가 만난 꿈의 지도》로 하브루타

　소설책이나 자기 계발서 같은 경우에는 각자가 일주일 동안 미리 읽고, 읽어 온 내용으로 하브루타를 한다. 하지만 그림책 하브루타는 보통 같이 그림책을 읽는다.

　책을 읽을 때, 책의 표지에 담긴 의미부터 생각해 보는 것이 좋다. 보통 책의 표지는 그 책의 전체적인 주제와 관련된 핵심 키워드나 주제와 연관된 그림이 그려져 있기 때문이다. 그림책의 경우에는 제목을 가려 두고 어떤 제목일까 유추해 보는 것도 재미있게 책에 접근하는 방법이다.

　고은이는 오른쪽 페이지, 나는 왼쪽 페이지를 읽으며 번갈아 책을 읽었다. 한쪽 페이지에 그림이 가득 차서 읽을 것이 없으면 그냥 넘어갔다. 어떤 페이지에는 "어느 날"이라는 한 단어만 나와서 "어느 날"만 읽었다. 우스워 보일 것도 없는데, 한 사람이 계속 읽을 것이 상대적으로 너무 적으면 키득키득 웃었다. 따옴표 안에 들어가 있는 인용문들은 감정을 실어 실감 나게 읽었다. 같이 읽는 것 자체가 재미있는 놀이 같았다. 부드러운 색감의 일러스트와 잔잔한 글이 우리 마음속에 잔잔한 여운을 남겼다.

　책 뒷부분에 있는 작가 소개와 책 소개까지 끝까지 읽었다.

작가 소개와 책 소개를 읽음으로 책의 내용을 더 깊이 이해할 수 있기 때문이다.

책을 낭독한 후 미리 준비한 워크시트를 가지고 질문과 대답을 했다.
"유리 슐레비츠는 어떤 사람이었나요?"
"시대적 배경은 언제인가요?"
"장소적 배경은 어디인가요?"
소설이나 동화같이 이야기가 담겨 있는 글들은 작가에 관한 공부를 하고, 시대적 장소적 배경들과 대략적인 줄거리를 먼저 정리하고 하브루타를 하면 이해가 깊어져 더 넓고 깊게 생각할 수 있다. 하브루타 전에 작가와 시대적 장소적 배경에 관한 조사를 하고 오면 나눔이 훨씬 풍성해진다. 아는 만큼 보이기 때문이다. 수 계산에 밝은 고은이는 1935년에 태어난 자기가 지금은 88세라고 바로 계산했다.

《내가 만난 꿈의 지도》는 2차 세계대전 때, 폴란드에 살고 있었던 아이가 동유럽으로 피난 가서 있었던 이야기이다.
고은이는 줄거리를 "아이가 피난을 가서, 지도에 반하게 된 이야기"라고 말했고, 나는 "배고픈 아이에게 빵이 아닌 지도를 사 주었을 때 아이에게 생긴 일"이라고 했다. 같은 책 같은 줄거리라도 고은이는 아이 관점에서, 난 부모 관점에서 본다는 생각이 들었다.

이제 각자 6개씩 질문을 만들어 워크시트에 적고, 서로 번갈아가며 질문하며, 질문 하브루타를 했다. 포스트잇에 질문을 하나씩 적어 함께 보며 답하거나, 퀴즈게임 형식으로 서로 질문하고 대답하는 것도 책을 재미있게 읽는 방법이다.

고은이의 질문들
① 왜 엄청나게 큰 지도가 손톱만 한 빵보다 쌌을까요?
② 어떻게 유리 슐레비츠는 디자인을 공부하게 되었을까요?
③ 유리 슐레비츠는 어떻게 피난을 갔을까요? 걸어서? 배 타고?
④ 왜 유리 슐레비츠의 가족은 다른 부부와 같이 살았을까요?
⑤ 유리 슐레비츠의 아빠는 어떻게 돈을 벌었을까요?
⑥ 유리 슐레비츠는 네다섯 살 때의 일을 어떻게 이렇게 생생하게 기억할까요?

나의 질문들
① 유리 슐레비츠가 피난갔던 카자흐스탄은 추운 곳으로 알고 있는데, 왜 여름에는 너무 더웠다고 말할까요?
② 진흙과 지푸라기와 낙타 똥으로 지은 집에서 살면 냄새가 똥 냄새가 나거나 벌레가 생기지 않을까요?
③ 유리 슐레비츠의 아빠는 왜 빵이 아닌 지도를 샀을까요?
④ 내가 만약 아빠였으면, 빵이 아닌 지도를 샀을까요?
⑤ 내가 만약 유리 슐레비츠였다면 배고픈데 빵이 아닌 지도를 사 온 아빠에게 뭐라고 말했을까요?

⑥ 왜 작가 아저씨는 빵을 나누어 주지 않고 혼자 먹었을까요?

고은이는 경제적 문제에 대한 관심이 많았다.

빵값

🙍 왜 엄청나게 큰 지도가 손톱만 한 빵보다 쌌을까요?

🙎 그러게. 그런 생각은 못 해봤네.

🙍 물가가 다른 가봐요. 우리는 손톱만 한 빵보다 큰 지도가 훨씬 비싼데, 책에서는 지도보다 빵이 더 비쌌나 봐요.

🙎 우리는 빵값보다 지도값이 훨씬 비싼데 왜 빵값이 그렇게 비쌌을까?

🙍 그 시절은 전쟁 중이니 지도보다 먹는 것이 더 귀해서 그런 거 아니었을까요?

🙎 그러네, 전쟁 상황에서 먹고 사는 것이 가장 큰 문제였겠네. 경제적 측면은 생각 못했는데 예리한 질문이었어.

아이가 생각지도 못한 질문을 하거나 답을 하면 바로바로 칭찬해 주는 것이 좋다. 아이는 더 자신감을 느끼고 질문하고 답하게 된다.

빵이 아닌 지도

🧒 왜 아빠는 빵이 아니라 지도를 샀을까요?

👧 어차피 손톱만 한 빵으로는 배가 고프기는 마찬가지이니까 차라리 놀 거리를 사 주는 것이 좋았을 거 같아요.

👧 빵이 손톱보다는 크지 않았을까요? 손톱만 한 빵을 팔았을 거 같지는 않아요. 강조해서 말한 거 같아요.

👧 피난 중이잖아요. 빵을 조금씩 나누어 팔 수도 있지요.

👧 만약 아빠였으면 빵이 아니라 지도를 샀을 거 같아?

👧 네, 손톱만 한 빵으로는 배도 안 부르고. 네다섯 살 아이가 친구도 없이 혼자 집에 있으면 얼마나 심심하겠어요? 비싼 것도 아니고 손톱만 한 빵값과 같았다면 지도를 한 번 사 주는 것이 좋죠.

하브루타로 주고받은 나머지 **질문과 그에 대한 대답**을 대략 정리하면 다음과 같다.

👧 고은이의 질문들과 그에 대한 대답

① 왜 엄청나게 큰 지도가 손톱만 한 빵보다 쌌을까요?
대답 : 전쟁 중이었기 때문에 빵값이 비쌌을 거 같다.
② 어떻게 유리 슐레비츠는 디자인을 공부하게 되었을까요?
대답 : 아빠가 사 온 지도를 매일 들여다보고 그리다가 그림을

좋아하게 되었을 거 같다.
③ 유리 슐레비츠는 어떻게 피난을 갔을까요? 걸어서? 배 타고?
대답 : 유럽은 대륙으로 연결되어 있어 걸어서나 마차를 타고 왔을 거 같다.
④ 왜 유리 슐레비츠의 가족은 다른 부부와 같이 살았을까요?
대답 : 피난 온 사람들이 많아 잘 곳이 없어서 작은 방에서 두 가족, 다섯 식구가 살았다.
⑤ 유리 슐레비츠의 아빠는 어떻게 돈을 벌었을까요?
대답 : 모르겠다.
⑥ 유리 슐레비츠는 네다섯 살 때의 일을 어떻게 이렇게 생생하게 기억할까요?
대답 : 생존과 관련된 기억과 큰 감정이 동반된 기억과 반복된 기억은 오래간다. 슐레비츠에게 아빠가 지도를 사 온 이날은 큰 슬픔과 큰 기쁨을 동시에 알게 된 날이었기 때문에 잘 기억하는 거 같다.

나의 질문들과 그에 대한 대답

① 유리 슐레비츠가 피난 갔던 카자흐스탄은 추운 곳으로 알고 있는데, 왜 여름에는 너무 더웠다고 말할까요?
대답 : 슐레비츠가 원래 살던 폴란드가 여름에 최고 온도가 섭씨 24C인 것으로 보아서 상대적으로 덥게 느껴졌을 거 같다.
② 진흙과 지푸라기와 낙타 똥으로 지은 집에서 살면 냄새가 똥 냄새가 나거나 벌레가 생기지 않을까요?

대답 : 건조한 곳이었기에 부패가 잘 생기지 않았을 거 같다.
③ 유리 슐레비츠의 아빠는 왜 빵이 아닌 지도를 샀을까요?
대답 : 아이에게 놀거리와 꿈을 주기 위해.

서로 자기가 만든 질문으로 질문하고 대답을 하고 난 뒤에 워크시트에 있는 **마무리 질문**을 했다.

🧑 **우리에게 빵이나 지도는 무엇에 비유될 수 있을까요?**

🧑 핸드폰과 책?

🧑 뭐가 빵이고 뭐가 지도지?

🧑 핸드폰은 빵과 같고 지도는 책과 같은 것이요.

🧑 왜 그렇게 생각해?

🧑 아이들은 핸드폰을 원하지만, 지식을 방대하게 하는 건 책이죠.

🧑 핸드폰도 지식을 반대하게는 하겠지만, 핸드폰이 주는 지식과 책이 주는 지식이 좀 다르죠. 어떻게 다를까요?

🧑 책은 딱딱 공부해야 하는 것들만 정리되어 있는데, 핸드폰에는 노는 것도 많이 들어 있어요.

🧑 핸드폰보다 책이 지식을 일목요연하게 더 잘 정리해 주고, 정보에 대한 출처가 분명하죠. 핸드폰에 나오는 다양한 지식은 무책임하게 근거 없이 올려놓은 것이 많으므로 책보다 더 검증이 필요하고, 무조건 믿어서는 안 되죠. 핸드폰보다 책

을 읽을 때, 상상력이나 창의력이 더 커지기도 하지요.

🙍 **꿈을 이루기 위해 내가 해야 할 일은 무엇일까요?**

🙍 공부, 엄마는 꿈을 이루기 위해 무엇을 해야 하죠?

🙍 내 꿈이 무엇인지가 먼저 중요한 거 같아. 엄마의 꿈은 하나님의 일을 하는 거니까 먼저 기도하고, 두 번째로 운동하고, 세 번째로 전도하고, 네 번째로 공부를 해야 해요.

🙍 고은이는 공부만 하면 돼?

🙍 나도 운동해야죠. 공부와 운동.

마지막으로 오늘 **하브루타를 한 소감**을 나누고, '**나의 꿈의 지도**'를 그려보았다.

🙍 어려운 상황 속에서도 자신의 꿈을 찾아가는 유리 슐레비츠가 대단하다는 생각이 들었어요.

🙍 현실의 어려움 속에서도 꿈을 찾아가면 행복하다는 생각이 들었어요.

<고은이의 2023년 꿈의 지도>

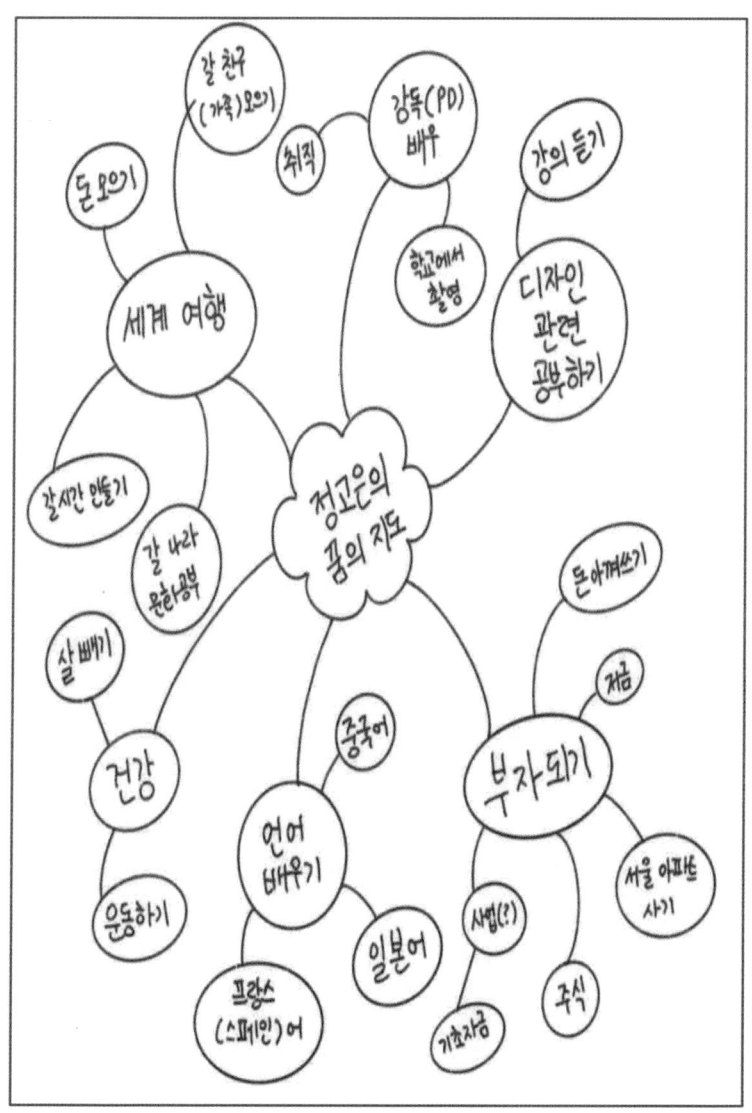

1장 꿈과 비전이 있는 아이

《내가 만난 꿈의 지도》로 하브루타 워크시트

제목	내가 만난 꿈의 지도	작성자	
지은이	유리 슐레비츠	작성일	

1. 유리 슐레비츠는 어떤 사람이었나요?

2. 시대적 배경은 언제인가요?

3. 장소적 배경은 어디인가요?

4. 줄거리를 말해 보세요.

5. 각자 6개 이상의 질문을 만들어 (사실질문, 상상질문, 평가질문, 적용질문) 하브루타를 해요.

| 1> |
| 2> |
| 3> |
| 4> |
| 5> |
| 6> |
| 7> |
| 8> |
| 9> |
| 10> |
| 11> |
| 12> |
| 13> 우리에게 빵이나 지도는 무엇일까요? |
| 14> 꿈을 이루기 위해 내가 해야 할 일은? |
| 6. 하브루타 소감과 실천하고 싶은 것은? |

(A4로 사용했던 워크시트를 축소 편집한 워크시트)

● 내가 만든 꿈의 지도 ●

내 삶의 지도가 될 수 있도록 내가 이루고 싶은 꿈들을 마인드맵으로 그려보세요.

(A4로 사용했던 워크시트를 축소 편집한 워크시트)

- 2 -

꿈과 비전을 이루려면?

《보물지도》

《보물지도》 ⓒ 모치즈키 도시타카, 나라원

《보물지도》는 모치즈키 도시타카가 30년 동안 10억을 들여 부자와 성공한 사람에 관해 연구한 결과를 기록한 책이다. 연구결과 그가 본 성공의 가장 쉽고 빠른 비결은 '보물지도를 그리는 것'이었다. 서른여섯 살이 되기 전에 이미 수많은 실패를 경험했던 작가 자신도 '보물지도'를 그림으로 성공을 이루었고, 베스트셀러 작가가 되었다.

'보물지도'란 무엇일까? 저자가 말하는 '보물'은 각 사람이 바라고 원하는 '꿈'이다. <u>'보물지도'란 '꿈을 눈에 보이도록 그리는 것'</u>이다. <u>성공하는 사람들의 비결은 바로 '커다란 종이에 자신의 꿈에 관한 이미지와 사진을 붙인 이 보물지도를 매일 바라보고 읽는 것'(P.16)이다</u>.

성공하는 비결이 생각보다 시시해 보이지만, 이것을 실천하는 사람들은 성공했고, 부자가 되었다. 보물 지도의 이미지들은 비전을 더욱 생생하게 상상하도록 만든다. 머릿속 '흐릿한 소망'을 '명확한 이미지'로 보여준다. 선명하게 각인된 이미지는 자기도 모르게 꿈과 연관된 기회를 끌어당기고 결국 꿈을 이루게 한다.

"학생이 준비해 왔을 때 선생님이 때마침 나타나듯, 받아들이는 사람이 준비되어야 비로소 줄 사람이 나타납니다."라고 말한 척 스피노자의 말처럼 우리가 '보물지도'를 보며 매일 마음의 안테나를 꿈에 집중할 때, 기회들을 놓치지 않고 잡을 수 있게 되고, 꿈을 이룰 수 있게 된다.

둘째 아들이 고등학교에 입학했을 때, '플래그 풋볼 동아리'에 들어갔다. 아들이 들어간 플래그 풋볼 동아리에는 코치도 없었고, 가입 학생도 적었고, 연습할 장소도 마땅치 않았었다. 하지만, 아들은 이 동아리를 키우고 싶다는 꿈이 생겼고, 어떻게 더 강한 팀으로 키울지 연구하고 생각하던 중 인스타그램에서 플래그 풋볼 선수를 만나게 되었다. 그 선수는 아들의 말을 경청해주고, 만나주고, 기회가 되면 코치가 되어 주겠다고 했다. 2년이 지난 지금, 그 선수는 아들의 플래그 풋볼팀의 코치로 와 있고, 많은 학생이 함께 선수로 뛰고 있다.

이처럼 매일 꿈을 생각만 해도, 그 꿈에 맞게 행동하고 말하게 되어 꿈을 실현하게 된다. 꿈을 기록하고, 관련된 이미지나 사진을 보며, 매일 선포하며 생생하게 상상하면 더 빨리 이루어진다. 사진이나 그림 같은 이미지가 글보다 더 선명하게 우리의 뇌에 각인되어 우리를 움직이게 하기 때문이다.

무일푼에서 갑부의 꿈을 이룬 레스토랑 '베니하나'의 창업자인 '록키 아오키'도 이렇게 사진을 활용하여 자신의 꿈들을 이루어내었다. 그는 멋진 레스토랑 사진을 지갑에 넣어두고 매일 보며, "나는 이보다 더 멋진 레스토랑을 차릴 거야"라고 말했다. 마침내 그는 '베니하나'라는 멋진 레스토랑을 차렸고, 미국에만 80여 개, 전 세계에 주요 도시에 120여 개의 체인점을 구축했다.

그는 레스토랑뿐 아니라, 자동차도 저택도 이렇게 가지게 되었다. 롤스로이스를 갖고 싶어 롤스로이스를 가진 사람에게 부탁하여 운전석에 앉아 핸들을 잡고 사진 찍었고, 옆에서 사진을 찍었다. 매일 그 사진을 틈만 나면 보았고, 마침내 롤스로이스를 비롯한 최고급 승용차 30여 대를 갖게 되었다. 또한, 자신이 원하는 저택을 배경으로 사진을 찍어 매일 바라봄으로 마이애미, 뉴욕, 캘리포니아, 뉴저지 등 미국 전역에 호화저택을 갖게 되었다.

그렇다면, 어떻게 보물지도를 그릴까? 모치즈키 도시타카는 보물지도 그리는 단계는 크게 다음 8단계로 말한다. (p.41~45)

<u>1. 보물 지도의 제목 적기</u>
 - 큰 종이 맨 위에 'OOO 의 보물지도'라고 쓴다. '행복한 가정을 만드는 배정욱의 보물지도'처럼 자신이 되고 싶은 모습을 수식어로 넣으면 더 좋다.

<u>2. 자기 사진 붙이기</u>
 - 자신의 가장 행복해 보이는 사진과 보기만 해도 힘이 나게 하는 사랑하는 사람들의 사진을 붙인다.

<u>3. 꿈이 담긴 그림이나 사진 붙이기나 그리기</u>
 - 갖고 싶은 것들이나 되고 싶은 모습들의 사진이나 그림을 붙인다.

<u>4. 기한과 조건 써넣기</u>
 - 명확한 목표를 설정하기 위해 종이나 포스트잇 위에 목표를 'SMART' 하게 기록한다. (p.64)

- S(Specific) 구체적이다.
- M(Measurable) 측정 가능하다.
- A(Agreed upon) 동의하고 정말 원한다.
- R(Realistic) 현실적이다.
- T(Timely) 기한이 명확하다.

5. 꿈이 자신과 주변 사람에게 미치는 영향 생각하기

- 자신의 꿈이 이루어졌을 때, 사랑하는 사람들에게 어떤 기쁨을 줄지 파생 효과를 기록한다. 사랑하는 사람을 기쁘게 해 주는 일에 더 많은 기운과 에너지가 솟기 때문이다.

6. 꿈이 인생 목적과 부합되는지 되짚어보기

- 자신의 가치관이나 인생 목적과 어긋나는 꿈은 성취하더라도 행복하지 않다. 예를 들어 가정을 중요하게 생각하는 사람이 일만 하다가 배우자와 관계가 틀어져 이혼하게 되면 일에서 성공해도 불행하다.

7. 구체적인 행동목표 써넣기

최종 목표인 꿈을 적은 뒤, 그 목표를 성취하기 위해 1주, 한 달, 6개월, 1년 후에 성취할 중간 목표들을 적는다. 작은 성공 경험들이 쌓여갈 때 자신감이 커지고, 의욕이 유지되기 때문이다.

8. 보물 지도 장식하기

책상 위, 수첩 속, 지갑 속, 화장실, 컴퓨터 메인 화면 등등 눈에 잘 띄는 곳에 보물 지도를 붙이고 수시로 보며 목표를 선포한다. 자꾸자꾸 들여다보면 우리의 잠재의식에 각인되어 자신도 모르게 그 목표를 위한 행동을 하게 되고, 마침내 꿈을 이룬다.

성경 민수기 14장 28절에서 하나님도 말씀하셨다.
"너희(이스라엘 백성) 말이 내(여호와 하나님) 귀에 들린 대로 내가 너희에게 행하리니"

모세가 이스라엘 백성들을 이집트에서 인도해낸 후, 가나안 땅으로 들어가기 전에 12명의 정탐꾼을 가나안땅으로 보냈다. 12명의 정탐꾼 중 10명은 "가나안 땅은 정말 좋지만, 거주민들이 크고 강하여 우리는 '메뚜기' 같아 이기지 못할 거라고 보고했다. 12명 중 여호수아와 갈렙, 두 사람만 가나안 사람들이 강해 보여도 그들은 '우리의 밥'이라고, 하나님이 함께하시면 이길 수 있다고 보고했다. 대부분의 이스라엘 백성들은 10명의 정탐꾼의 부정적인 보고에 낙심했고, 그들이 말한 대로 광야에서 죽었다. 하지만, 하나님이 함께하시면 가나안에 들어갈 수 있다고 말했던 여호수아와 갈렙은 40년 후 마침내 가나안에 들어갈 수 있었다.

세상에 완벽한 사람도 문제가 없는 사람도 없다. 하지만 그

문제들이 나를 규정하지는 못한다. 나의 태도가 나를 규정한다. 건강하지 못하거나, 가정 형편이 어렵거나, 많이 배우지 못했다는 환경이 나를 규정하지 못한다. 게으르고, 절제하지 못하고, 인내하지 못하는 내 태도가 나를 규정한다.

내가 내 태도를 바꿀 때, 나의 미래를 바꿀 수 있다. 나를 바꾸기 위해서 무엇을 보아야 할지 결정해야 한다. 부족한 내 환경이나 자신의 단점들을 보면, 자기연민과 낙심에 함몰된다. 하지만 내가 원하는 꿈을 바라볼 때, 실패해도 다시 일어설 수 있고, 힘들어도 지속할 수 있다. **꿈을 이루기 위해 무엇을 보아야 할지 결정해야 한다.** 내가 원하지 않는 것들이 아니라, 내가 원하는 것을 보아야 한다.

꿈을 보며, 생생하게 상상하고, 그것을 실현하기를 바라는 마음으로 고은이와 《보물시노》를 읽고 하브루타를 했다.

《보물지도》로 하브루타

그림책이 아닌 경우, 각자 책을 읽어온다. 일주일에 한 번 하브루타를 하므로, 읽을 수 있는 시간이 일주일 있다. 하지만 미리미리 읽기가 쉽지 않아 하브루타 하기 직전에 몰아서 읽기도 한다. 집에 책이 두 권이상 있을 때는 각자가 한 권씩 가지고 읽지만, 한 권만 있는 경우에는 서로 다른 색의 볼펜으로 마음에 와닿는 부분이나 중요하게 생각되는 부분에 줄을 긋거나 기록하며 읽는다. 책이 두 권이상인 경우, 각자가 책을 보면서 하브루타 할 수 있어 편리하다. 책이 한 권 있는 경우, 서로 번갈아 읽으니, 서로 무엇에 줄을 긋는지 뭐라고 적었는지 보는 것도 재미있다.

하브루타를 하기 전, 각자 미리 책을 읽었다. 《보물지도》는 그림이 많고, 문단 단락이 적절히 잘 나누어져 있어 읽기가 편했다.
 하브루타는 보통 7 키워드(낭독, 재미, 경험, 궁금, 중요, 메시지, 필사) 하브루타나 질문 하브루타(사실 질문, 상상 질문, 적용 질문)를 한다. 하지만 《보물지도》의 경우 기억해야 할 중요한 점들이 많아서, 두 가지를 섞어서 했다. 내가 **질문 하브루타**로 기억해야 할 내용을 고은이에게 질문하고, 고은이가 **7 키워드**로 내게 질문했다.

🙂 "하나님 아버지, 보물 지도로 하브루타를 하며 하나님이 주신 꿈을 더욱 생생히 꿈꾸고 이루어가는 우리가 되게 해 주세요."

기도하고, **내가 먼저 책의 주요 내용을 기억하기 위한 질문들과 적용을 위한 질문을 했다.** 질문에 책의 페이지를 같이 말해 주면 대답하기가 편리하다.

🙂 나의 질문들 :
① **《보물지도》의 지은이**는 누구입니까?
② 16페이지에서 **《보물지도》 정의**가 뭐라고 하나요?
③ 34~35페이지에서 여러 가지 사진을 붙이라고 하는데 고은이는 어떤 사진을 붙이고 싶나요?
④ 38페이지에 **'성공하기 위한 방정식 4가지'**가 무엇인가요?
⑤ 39페이지에 꿈을 포기하는 이유가 여러 가지가 있는데 나는 어떤 거 같아요?
⑥ **'보물 지도 만드는 8단계'**가 무엇인가요?
⑦ 최소한 몇 군데에서 붙여야 한다고 했죠?
⑧ 고은이가 **필사**하고 싶었던 부분이 있나요.?
⑨ 그 부분을 필사하고 싶은 이유가 무엇입니까?
⑩ 104페이지에 **보물 지도의 8가지 효과**는 무엇입니까?
⑪ 161페이지에 **성공하기 위한 3가지 전략**이 무엇입니까?
'성공하기 위한 3가지 전략' 내용은 꼬리에 꼬리를 물고 질

문을 했다.

　위의 엄마 질문에 대한 <u>고은이의 답</u>을 간략히 정리하면 다음과 같다.

👦 34~35페이지에서 고은이가 붙이고 싶은 사진은?
👧 튼튼하고 건강한 몸매, 예쁘고 멋있는 집, 자동차

👦 38페이지에 '성공하기 위한 방정식 4가지'는?
👧 ① 자신의 꿈을 슬로건으로 삼아 방에 붙여두고,
　② 매일 큰 소리로 낭독하라.
　③ 계획을 세우고 달성 기일을 설정해서 매일 진척 상황을 확인하고 분명하게 행동하라.
　④ 자신이 성공한 모습을 상상하고 반드시 이룰 수 있다고 믿으라.

👦 39페이지에 내가 꿈을 포기하는 이유는?
👧 저는 꿈을 포기하지 않아요. 계속 실천 중입니다.

👦 **필사**하고 싶었던 부분과 이유는?
👧 17페이지 '이미 알고 있는 방법이라도 꿈을 이루기 위해 다시 한번 깊이 이해하고, 실천해보면 어떨까요?'에서 내가

알고는 있더라도 실천하지 않았던 것들을 실천하면 좋을 거 같습니다.

🙋 66페이지에 '어느 누구도 당신을 어깨 위에 태워 최종 목적지까지 데려다줄 수는 없습니다'를 보며, 스스로 가야 한다 생각했습니다.

🙋 73페이지에 '같은 장소에서 같은 일을 하며 명성과 재산까지 같은 두 사람이 있어도 이들 중 한 사람은 행복하고 다른 한 사람은 불행합니다. 이들의 마음가짐이 다르기 때문입니다.' 이것을 읽고, '마음가짐을 잘 가져야겠다'라고 생각했습니다.

🙋 77페이지 '미래는 여러 가지 이름을 갖고 있습니다. 그것은 약자들에게는 도달할 수 없는 것, 겁많은 자들에게는 마지막 것입니다. 그러나 용감한 자들에게는 그것이 기회입니다.'에서 나는 용감한 자가 되어 기회를 얻어야겠다고 생각했습니다.

시간관계상 필사하고 싶은 부분과 이유를 간략하게 말하고 넘어간 것이 아쉽다. 시간적 여유가 있다면 하나씩 꼬리에 꼬리를 물고 더 깊은 질문으로 나가는 것이 좋다.

예를 들어 17페이지에서 이미 알고도 실천하지 못했던 것은 어떤 것이 있는지, 어떻게 실천하면 좋을지, 언제부터 실천하면 좋을지 질문을 통해 아이가 더 깊이 생각하며 실천할 수 있게 된다. 질문의 좋은 점 중 하나가 스스로 대답함으로 실천의 가능성을 높인다는 점이다. 다른 사람의 강요에 의한 것보다 자발적으로 하겠다고 말한 것이 실행률이 높다.

😊 104페이지에 보물 지도의 8가지 효과는?

👩 보물 지도의 8가지 효과는
① 이미지 명확해지고, 열정이 솟구치며, 의욕이 생기고, 필요한 행동을 오래 지속 할 수 있습니다. 또 감정을 수반하는 이미지를 통해 잠재의식이 강렬하게 작용합니다.
② 자연스럽게 정보가 모여들고, 기회를 잡게 되고, 아이디어가 생깁니다.
③ 모든 행동과 사고가 목표를 향해 진행되고,
④ 진심으로 이루고 싶은 목표로 변화하고,
⑤ 자기 이미지가 향상되면서 목표 실현과 가까워지고,
⑥ 저절로 행복 실감형, 감사 실천형, 성공 추구형이 되어 행운을 불러들입니다.
⑦ 힘들다는 느낌이 줄어들고 미루는 습관이 사라집니다.
⑧ 매력적인 목표들에 도전하고 도달하면서 능력이 길러지고, 경험이 축적되고, 인맥도 늘어납니다.

😊 161페이지에 성공하기 위한 3가지 전략이 무엇입니까?

👩 ① 계속해서 입으로 되뇌는 일을 하는 것입니다.

🧑 계속해서 입으로 되뇌기 위해서 무엇을 해야 하나요?

👩 '자기 선언'을 해야 합니다.

🧑 고은이는 어떤 자기 선언을 할 건가요?

👩 "나는 내가 하고자 하는 일을 할 수 있다. 나는 아침에 일찍 일어날 수 있다, 그리고 나는 공부를 잘 할 수 있다."를 선언할 것입니다.

🧑 그다음에 161페이지에 아까 세 가지 중에서 첫 번째가 자기 선언이었고 두 번째가 뭐였죠?

👩 ② '계속해서 목표를 생각하기' 입니다.

🧑 어떻게 하면 목표를 계속 생각할 수 있죠?

👩 보물 지도를 자주 봐야 해요.

🧑 성공하기 위해 세 번째로는 뭘 해야 하죠?

👩 ③ 계속해서 행동하고, 실천하는 것을 해야 합니다.

🧑 네, 이 세 가지 실천합시다.

고은이는 <u>7 키워드로 질문</u>을 했다.
7 키워드는 낭독, 경험, 재미, 궁금, 중요, 메시지, 필사이다.

👩 엄마가 '낭독'하고 싶은 것은 뭐예요?

🧑 낭독하고 싶은 것은 나의 자기 선언입니다. "하나님이 합

력하여 선을 이루신다. 하나님이 나와 함께 하시고 힘을 주신다. 하나님의 은혜가, 성령의 비가 오늘도 폭포수처럼 내게 쏟아진다."입니다.

🙍 이 책과 관련해서 '경험'했던 것은 무엇인가요?

🙎 보물 지도를 만들고, 세 번 발표했던 것입니다.
발표하면서 내 꿈이 무엇인지 자꾸 명확해지는 것 같아요. 그러니까 내가 아파서 누워 있어도 이제 그 생각을 또 하게 되고, 자꾸 거기에 집중되는 것 같아요.

🙍 '재미'있었던 것은 무엇일까요?

🙎 122페이지의 말이 재밌었어요. '인간은 누구나 찬란하고 빛나는 삶을 살 자격이 있습니다. 그 자격을 지키며 사는 것은 당신의 의무입니다. 당신은 행복하게 살 의무가 있습니다.' 이게 참 기뻤어요. '나도 행복하게 살 의무가 있구나, 행복하게 살아야지.' 그런 마음이 들었어요.

🙍 '궁금'했던 것은 무엇인가요?

🙎 디지털로 보물 지도 어떻게 만드는지 궁금해요. 아이패드로 비전 보드 만드는 거 해보고 싶어요.

🙍 내게 '중요'한 것은 무엇인가요?

😊 중요한 것은 **실천**인 것 같아요. 여기에서 성공하기 위해서 세 가지 얘기했잖아요. **자기 선언 매일 하기, 보물 지도 맨날 보기, 그리고 실천하기.** 실천하기가 제일 힘든 것 같아요. 그래서 앞으로는 좀 실천해야겠다고 생각했어요. 자기 선언이랑 보물 지도를 하면 실천하기도 좀 더 잘 될 것 같아요.

😊 작가의 '**메시지**'는 무엇일까요?

😊 작가가 하고 싶은 말은 모든 사람이 자신의 꿈을 보물 지도를 통해서 시각화하면서 이루어 가기를 바라는 마음인 것 같아요. 자기가 이 책이 이렇게 대박 날 줄 몰랐다고 그러잖아요. 매일 선언하니, 선언한 대로 됐다고 그랬잖아요. 그게 참 멋있는 것 같아요.

😊 '**필사**'하고 싶었던 것은 무엇이요?

😊 103페이지에, '**목표가 확실한 사람은 아무리 거친 길이라도 앞으로 나아갈 수 있습니다. 목표가 없는 사람은 아무리 좋은 길이라도 나아갈 수 없습니다.**' 여기에서 목표가 중요하다는 것을 깨달았습니다.

마지막으로 하브루타를 통해 **느낀 점이랑 실천하고 싶은 것**을 말하고, 기도하고, 보물 지도를 그렸다.

😊 책을 읽으면서 보물 지도를 써서 내가 하고 싶은 거, 갖고

싶은 거, 노력하고 싶은 것을 적고 열심히 보고 선언하고 실천을 해야겠다고 생각했어요.

🙂 엄마도 같은 생각이에요. 유튜브에서 봤는데 어떤 사람은 일 년에 한 번씩 비전 보드를 만드는데, 모두 이뤘다고 해요. 그러니 우리도 보물 지도를 쓰고 열심히 실천합시다.

🙂 기도합시다. 하나님 보물 지도를 보면서 자기 선언을 매일 하고 보물 지도를 만들어서 매일 보고 실천함으로써 우리 인생을 찬란하고 빛나게 행복하게 살아야 한다는 것을 알았습니다. 실천할 수 있도록 우리 가운데 함께해 주세요. 하나님이 이 땅에 우리에게 주신 소명을 잘 이루어가게 도와주세요. 예수님의 이름으로 기도합니다. 아멘.

《보물지도》로 하브루타 워크시트

제목	보물지도	작성자	
지은이	모치즈키 도시타카	작성일	

낭독, 경험, 재미, 궁금, 중요, 메시지, 필사 중 원하는 것을 기록하세요.

(A4로 사용했던 워크시트를 축소 편집한 워크시트)

● (   )는 ○○○의 보물지도 ●

내가 되고 싶은 모습, 갖고 싶은 것, 가고 싶은 곳의 사진을 찾아 붙이고, SMART한 목표를 기록해 보세요.

(A4로 사용했던 워크시트를 축소 편집한 워크시트)

독서로 생각을 깊고 넓히는 아이

📖 2장 독서로 생각을 깊고 넓히는 아이

"You can grow and discover and make connections that you might not otherwise have made. Just by the simple act of picking up and opening a book.(단지 책을 들고 펼치는 것만으로도 여러분은 자라고, 발견하고, 다른 방법으로는 하지 못했을 수도 있는 연계를 할 수도 있습니다.)" - Barack Obama(버락 오바마)

"책을 많이 읽어야 해."

어린 시절부터 책 읽으면 좋다는 이야기는 많이 들어왔다. 학교마다 책을 많이 읽은 아이들에게 다독상을 주었다. 여름 방학과 겨울 방학이 돌아올 때마다 방학 숙제로 독서록은 빠지지 않았다. 그런데 책을 읽으면 무엇에 좋은지는 구체적으로 모르고 읽기만 했다. **책을 읽으면** 대충 똑똑해진다는 거 같은데, **구체적으로 어떤 유익들이 있을까?**

첫째, 책을 읽음으로 다른 사람들이 오랜 시간 동안 연구하

고 깨닫게 된 사실들이나 지혜들을 손쉽게 배울 수 있다.

다른 동물과 달리 인간의 문명이 발달할 수 있었던 이유는 기록을 남겼기 때문이다. 인간은 동굴 벽에, 돌과 나무에, 그리고 종이에 자신들의 기록을 남겼다. 다음 세대들은 이를 보고 읽음으로 다음 단계로 발전할 수 있었다. 지금도 우리는 자녀 양육의 비결, 공부의 비결, 인간관계를 잘 하는 법, 책 쓰는 법, 독서법, 마케팅 잘 하는 법, 연애하는 법 등등 어떤 분야이든 책을 읽음으로 배울 수 있다.

둘째, 서로 다른 세상이나 다른 시간에 사는 사람들도 책을 통해 소통할 수 있고 생각을 나눌 수 있다.

《오만과 편견》을 읽으며, 19세기 영국에 살았던 영국 사람들의 삶을 들여다볼 수 있고, 제인 오스틴의 생각을 이해해 볼 수 있다. 《카라마조프의 형제들》을 읽으며, 19세기 러시아 사람들의 삶을 간접적으로 경험할 수 있다. 책을 읽음으로 시대와 나라를 초월하여 많은 친구를 사귈 수 있고 지혜를 얻을 수 있다. 다른 세계와 시간 속으로 삶의 지평을 넓히는 것이다.

셋째, 책을 읽으면 뇌 기능이 향상되어 집중력, 기억력, 창의적 사고력, 문제 해결력이 커진다.

매일 달리기를 하면 심혈관이 튼튼해지는 것처럼, 날마다 책을 읽으면 뇌가 발달하고 건강해진다. 뇌 신경세포들이 살아나고 치매도 예방된다. 유튜브나 텔레비전과 같은 영상을 볼 때와 달리, 독서를 할 때 우리의 뇌의 많은 부분이 동시에 활성화되기 때문이다. 우리는 독서를 하는 동안 문자를 인식하고, 이해하고 해석하고 평가하고, 이미 알던 내용과 비교하여 분석하고 추론하여 적용 가능한 지식과 지혜를 발견할 수 있다. 결과적으로 독서는 삶의 다양한 문제들을 여러 관점에서 지혜롭게 해결할 수 있게 한다.

넷째, 독서는 세상이나 자기 자신에 대한 이해력을 향상시켜 준다. 다양한 분야의 책은 다양한 상황의 사람들의 관점에서 그들을 바라볼 수 있게 돕고, 자기 자신을 보다 객관적으로 살펴 반성하고 개선해 나갈 수 있게 해 준다. 책은 스스로를 코치할 수 있도록 한다.

다섯째, 독서는 스트레스 완화에도 도움이 된다. 책을 읽는 행위는 차를 마시는 거나 음악을 듣는 것 이상으로 심혈관을 안정시켜 준다. 일상의 스트레스를 잠시 벗어나 삶의 긴장을 풀게 해 준다. 자기 전 핸드폰을 하다가 잠을 자는 것보다 독서를 하고 자는 것이 숙면에도 좋다고 한다.

여섯째, 어렸을 때부터 책을 읽으면, 풍부한 어휘력과 배경지식을 갖게 되어, 듣고 읽고 쓰고 말하는 의사소통 능력이 뛰어나게 된다. 독서는 학교 공부를 더 잘하게 하고, 좋은 대학과 원하는 직장으로 갈 수 있도록 하는 '디딤돌'이 될 뿐만 아니라, 여러 갈래의 길과 알 수 없는 미래를 향해 나아갈 수 있게 하는 '나침판'이 된다.

일곱째, 책을 읽고 실천하는 사람은 영향력있는 리더가 될 수 있다.

"Not all readers are leaders, but all leaders are readers. (모든 독자가 리더인 것은 아니지만 모든 리더는 독자였다)"

미국 33대 대통령이었던 트루먼 대통령이 한 이 말처럼, 리더들은 독서를 통해 하나뿐인 인생을 가치 있게 살아갈 수 있는 지혜와 지식을 얻는다.

"어린 시절 마을에 있던 작은 도서관이 지금의 나를 만들었다."

작은 도서관에 가면 어디서나 볼 수 있는 이 말은 마이크로소프트의 창업자 빌 게이츠가 한 말이다. "책이 세상에 대해 배우는 가장 좋은 수단 중에 하나"라고 말한 그는 일주일에 한 권이상 책을 읽는 다독가이다.

독서가 이렇게 유익하지만, 오늘날 아이나 어른이나 독서량이 줄고 있다. 공부해야 하고, 일해야 해서 책을 볼 시간이 없다. 여가가 있을 때도 유튜브, 넷플릭스, 인스타그램, 틱톡, 디즈니 플러스, 티빙 등 우리의 관심을 빼앗아 가는 재미있는 것들이 수도 없이 많다. 무엇보다 책을 읽지 않던 사람이 책을 읽는 습관을 만들어 가는 것이 쉽지 않다.

하지만 "좋은 독서는 생각의 근육을 만든다."라고 말한 배달의 민족 창업자 김봉진 대표의 말처럼, 조금씩 읽고 생각하다 보면 '생각의 근육'이 튼튼해진다. 공고 출신의 디자이너였던 그는 기업 사람들을 상대로 일하며 느껴지는 열등감을 극복하기 위해 '과시적 독서법'으로 책을 읽었다고 한다. 다른 사람에게 있어 보이려고 독서를 시작한 그는 10년 넘게 꾸준히 책을 읽다 보니, 이제는 진정으로 책을 사랑하는 독서가가 되었다.

고은이가 독서의 재미를 느끼고 책을 읽고 싶게 만들기 위해, 둘째 아들이 추천한 《생각하는 인문학》과 독서로 성공한 사람들의 이야기인 《독서 불패》로 하브루타를 했다. 아직 책 읽기가 익숙하지 않은 경우는 함께 독서에 관한 짧고 재미있는 글을 읽거나, 한 권의 책을 조금씩 나누어서 읽고 하브루타를 하면 점점 재미를 가지게 될 것이다.

- 1 -
생각을 깊고 넓게 하는 방법은?
《생각하는 인문학》

《생각하는 인문학》, 이지성, 차이

《생각하는 인문학》은 둘째 아들이 처음으로 고은이와 내가 읽으면 좋겠다고 강력하게 추천한 책이다. 어느 날 중학교 도서관 한쪽 구석에 라벨도 없이 놓여있던 이 책이 아들의 눈에 들어왔고, 그의 인생을 바꾸어 놓았다. 이 책을 읽은 아들은 인문학과 철학에 관심 가지게 되었고, 책 읽기를 즐기고 클래식을 즐겨 듣기 시작했다. 자신이 원하는 분야의 공부를 스스로 깊이 공부하기 시작했고, 독서토론 동아리를 만드는 등 깨달은 대로 행하는 사람이 되었다.

《생각하는 인문학》에서 이지성 작가는 "**생각을 하며 살아야 한다**"고 말한다. 그는 일제의 식민교육, 친일파의 우민화 교육, 군사정권의 독재교육이 우리를 '스스로 생각할 줄 모르는 인간'으로 만들었다고 주장한다. 지배계급이 다스리기 쉬운 피지배계급을 만들기 위해 스스로 생각할 줄 모르는 사람, 쉽게 지배되는 '우민화 교육'을 했다는 것이 충격이었다. 그동안 너무 생각 없이 살았다는 생각이 들었다.

이지성 작가는 '우민화 교육'을 바로 잡는 것이 '인문학 교육'이라고 한다. '**인문학 교육**'이란 '**생각하게 만드는 교육**'이다.

'생각'이 무엇일까? 어떤 것에 대한 나의 '의견'일까? 플라톤의 '동굴의 비유'에서 동굴에 갇혀 있는 사람들이 그림자를 진짜 세상으로 착각하고 사는 이야기가 나온다. 그중 한 사람이 바깥세상에 나가 진짜 세상을 보고, 그동안 가짜를 진짜로 착각하며 살았던 것을 깨닫게 된다.

인문학에서 말하는 '생각'은 플라톤 동굴 비유의 동굴 속 사람들처럼 눈에 보이는 대로 귀에 들리는 대로 생각하는 단순한 감각적인 생각이 아니다. 인문학에서 '생각'은 '이성을 통해 사고하는 것', 칸트에 의하면 '철학 하는 것'을 말한다.

철학은 그리스어로 '필로 소피아(φιλοσοφία)'이다. 이는 '지혜'를 의미하는 '소피아'와 '사랑'을 의미하는 '필로스'로 된 합성어로, '지혜를 사랑한다'라는 의미이다. 쉽게 말하면, 우리가 해야 할 '생각'은 눈에 보이는 감각적 생각이 아니라 **'지혜를 사랑하고, 진리를 탐구하는 사색'** 이다.

이지성 작가는 **'인문학을 한다는 것'은 '인류의 문명을 건설한 천재들의 생각과 만난다는 의미'** 라고 한다. 소크라테스·플라톤·아리스토텔레스·공자·맹자·장자·칸트·레오나르도 다빈치·데카르트·뉴턴·아인슈타인 등등과 같은 사람들의 생각을 공부하고 깨달아, 지금 나와 우리가 사는 세상을 새롭게 해석하고 만들어 간다는 뜻이다.

"코지토 에르고 숨 (Cogito ergo sum, 라틴어)"(나는 생각한다. 고로 존재한다) 라고 말한 17세기 프랑스의 철학자이고 수학자인 르네 **데카르트의 코지토(생각)를 통해 근대 문명이 만들어졌다.** 데카르트의 이성 중심의 사고방식은 '합리주의'를 만들었고, 이는 영국의 '경험론'과 독일의 '관념론'으로 발전했다. 영국의 경험론은 영국에 '산업혁명'을 일으켰고, '계몽주의'의 뿌리가 되어 '프랑스 혁명'과 '미국의 독립전쟁'을 일으켰고, '우리나라의 민주주의'까지 이어진다. 독일의 실용주의 '관념론'은 '마르크스 공산주의'의 뿌리가 되었다. 서로 대립하는 민주주의와 공산주의의 뿌리가 데카르트의 '나는 생각한다(Cogito,

코지토)'로부터 파생하여 나온 것이 신기했다.

데카르트의 '코지토(Cogito, 라틴어)'는 여전히 인간 문명을 창조해 가고 있다. '씽크 위크 (Think week, 생각 주간)'을 가진 빌 게이츠와 하이데거의 '씽크 디퍼런트 (Think different, 다르게 생각하라)'를 실천한 스티븐 잡스는 새로운 컴퓨터 세계를 만들어냈다. 또한, "내가 페이스북을 만든 원동력은 로마 고전, 베르길리우스의 '아이네이스'에서 나왔다."라고 말한 마크 저커버그 역시 인문학적 생각을 통해 SNS(Social networking service) 세상을 만들었다.

우리는 무엇으로, 어떻게 인문학을 공부할 수 있을까? **철학, 역사, 문학의 인문고전을 읽고, 사색하고, 토론하고, 실천하면 된다.** 인문고전을 읽으며, 책의 역사적 배경과 작가의 사상, 그 고전을 읽고 영향을 받았던 위인들의 생각과 삶, 우리의 삶에 적용할 수 있는 것은 무엇인지 사색할 수 있다. 《생각하는 인문학》에는 레오나르도 다빈치, 아인슈타인, 빌 게이츠 등 뛰어난 사색가들의 공부법과 사색법이 자세히 나와 있다. 특히 이 지성 작가는 원어로 인문고전을 읽을 것을 추천한다. 그는 "천재들이 사색하고, 대화하고, 토론하고, 강의하고, 집필할 때 사용한 바로 그 언어인 원어가 천재들의 영혼과 직접 만날 수 있는 유일한 언어"(p.321)라고 말한다.

인문학적 사색은 인간 본연의 마음을 읽어내고, 세상을 읽어내기에 금융, 경제, 교육, 예술, 문학 등 다양한 분야에 적용할 수 있다. 미국 월스트리트의 투자자들은 치열한 철학 고전 독서로 단련된 철학적 두뇌로 투자시장의 본질을 꿰뚫어 많은 수익을 낸다. 영국 작가 존 로널드 톨킨은 플라톤《국가론》에서 힌트를 얻어《반지의 제왕》이라는 장편 소설을 썼다. 영화 '300'은 고전 헤로도토스《역사》에서 가져온 이야기이다.

다양한 분야에서 인문학을 활용할 수 있지만, 인문학의 목적은 '사랑'이어야 한다. 이지성 작가는 "**깨어있는 인문학은 사랑을 목적으로 하고, 타락한 인문학은 이익을 목적으로 한다**"(p.19)라고 했다.

인문학을 통해 이익을 얻는 것이 나쁜 것이 아니라, 자기 자신만을 위해 다른 사람들을 이용해서는 안 된다는 말이다. 인문학의 진정한 목적은 사랑이다. 세종대왕은 글을 읽고 쓰기 힘든 백성의 필요를 보고 한글을 만들게 했다. 이순신 장군은 손자병법에서도 포기해야 한다는 전쟁을 백성을 사랑하는 마음으로 연구하여 전투하여 결국 승리했다.

세종대왕이나 이순신 장군처럼 인문학은 나보다 힘든 사람들의 필요를 발견하고, 내가 할 수 있는 일을 찾아 돕는 데에 사용되어야 한다. 이지성 작가 자신도 봉사자들과 함께 어려운 가정 형편에 있는 아이들에게 돕는 일을 하고 있다. 아이들에게 인문고전을 가르쳐, 생각하고 꿈꾸고, 꿈을 이루어가게 했다. 또한, 학교 다닐 수 없는 아이들을 위해 해외에 20개 이상의 학교를 세우고, 봉사활동을 하고 있다.

《생각하는 인문학》을 읽기 전에 인문학은 기술이나 혁신과는 전혀 상관없는 문과에서 공부하는 학문으로만 생각했었다. 《생각하는 인문학》을 통해 수학이든 과학이든 문학이든 모든 학문의 뿌리가 '철학'이고 '인문학'인 것을 알게 되었다.

중2 때 로켓과 우주에 관심이 많았던 아들이 이 책을 읽고 갑자기 철학을 공부하기 시작한 것이 이해가 되었다. 지금 고3이 된 아들은 《생각하는 인문학》이 모든 학문의 기초가 철학임을 깨닫게 해주는 소중한 책이라고 말한다. 하지만 동시에 지나친 '인문학 만능주의'라고 한다. 그러니 이 책을 입문용으로 읽되, 《역행자》 같은 실용적인 책들도 병행하여 읽을 것을 권한다.

인문학과 철학적 생각 없이 감각적으로 살아왔던 나를 각성하게 하고, 책 읽고 생각하고 실행하는 지혜로운 엄마가 되고 싶어지게 하는 책이다. 아들이 추천한 《역행자》도 곧 읽을 계획이다.

《생각하는 인문학》으로 하브루타

고1 아들이 강력하게 추천하기는 했지만, 초6인 딸에게 400페이지가 넘는 《생각하는 인문학》은 너무 어렵지 않을까 걱정이 되었다. 그래서 세 번에 나누어 3주 동안 읽고, 일주일에 한 번씩 세 번 하브루타를 했다. 결과는 만족스러웠다. 고은이는 새롭게 알게 된 지식을 재미있어했고, 어려운 것은 그냥 넘어가며, 힘들지 않게 읽었다.

책은 크게 6개의 장으로 나누어져 있다.
1장 자각_당신은 생각'하는' 것이 아니라, 생각'당하고' 있다.
2장 습득_새로운 '생각'엔 새로운 '지식'이 필요하다.
3장 입지_강력한 이유는 강력한 행동을 낳는다.
4장 물음_얻으려면 구하라.
5장 생각_'그'의 생각이 아닌 '나'의 생각을 하라.
6장 실천_5000년 역사를 만든 동서양 천재들의 사색공부법

첫 주는 1~3장, 둘째 주는 4장, 세 번째 주는 5~6장을 읽고 하브루타 했다. 책을 좀 더 읽을 수 있는 날에는 더 많이 읽고 나누고, 바쁜 날에는 적게 읽고 나누었다. 배워야 하는 정보가 많은 책이어서, 7 키워드(낭독, 재미, 경험, 궁금, 중요, 메시지, 필사) 중 '메시지'와 '중요'와 '궁금'을 중심으로 하브루타 했다.

《생각하는 인문학》로 하브루타 첫 시간 : 1~3장

1장 자각_당신은 생각'하는' 것이 아니라 생각'당하고'있다.
2장 습득_새로운 '생각'엔 새로운 '지식'이 필요하다.
3장 입지_강력한 이유는 강력한 행동을 낳는다.

메시지 - 인문학 기반 위에 만들어진 수학, 과학 공부

🧑 먼저 1장에서 3장까지의 메시지는 무엇일까요?

👩 "인문학의 기반 위에서 수학 과학을 공부해야 한다."

🧑 그래서 공감이 되나요?

👩 '빨리 공부를 해야겠다'라는 생각이 들었어요. 그리고 "우리는 위대한 사람들의 음악과 노래를 보지 않고 다른 걸 보고 있다"를 읽으며, '내가 지금 그러고 있네'라는 생각이 들었어요. 내용도 잘 모르는 노래들인데 좋다고 듣고 있었던 노래들을 삭제했어요.

🧑 잘했네.

👩 '내 방의 필요 없는 책들도 다 버려야겠다.'라는 생각을 했는데 너무 피곤해서 잤어요.

🧑 조금씩 하면 되지.

중요 - 철학을 공부하자!

👧 고은이에게 중요하게 느껴진 부분은 어디인가요?

👧 49페이지에 "철학이 계산과 증명 등의 옷을 입고 나타난 것이 수학이고, 관찰과 실험 등의 옷을 입고 나타난 것이 과학이다. 즉 수학과 과학의 다른 이름은 철학이다."

이것이 중요한 것 같아요. 철학 공부를 해야 한다는 생각이 들었어요. 그리고 "프랑스는 철학의 나라다. 프랑스의 사람들의 철학이 옷의 형태로 나타난 게 패션이고, 음식의 형태로 나타난 게 와인이라는 사실을 깨달아야 한다."를 읽으며 나는 패션을 좋아하니 철학을 해야겠다고 생각을 했어요.

중요 - 세계 경제를 지배하는 비결은 인문학

👧 58페이지에 "비결에는 별 것 없다. 수학과 과학을 잘 적용하면 된다." 그러니까 수학과 과학을 잘 해야 해요.

👧 61페이지에 "인문학의 조예가 깊다"에서 "월스트리트의 전설이라 불리는 사람들의 공통점이랑 최고로 많은 돈을 벌고 있는 사람들의 공통점이 인문학에 조예가 깊다"를 읽으며 '나도 인문학의 조회가 깊어질 만큼 열심히 공부하자'라는 생각을 했어요.

👧 68페이지 "금융 과학이 기초가 되는 수학, 과학을 어떻게 공부해야 할까?"에서 수학, 과학 공부법이 중요한 거 같아요.
"1. 과학과 역사를 쉽게 알려주는 책을 읽어라.
2. 수학자와 과학자의 삶과 사상과 업적에 관한 책을 읽어라.

3. 수학, 과학 관련 서적을 많이 읽고, 관련 강의를 들어라.
4. '금융 수학','물리 수학'에 관한 책을 한두 권 읽으라.
5. 수학, 과학 평생 공부 계획표를 만들고 공부하라.
이 모든 과정은 인문학 공부와 병행해야 한다."

🙍 수학자들과 과학자들이 인문학을 바탕 위에 이론과 공식을 만들었다는 것을 읽으며, '책을 열심히 읽고, 공부 계획을 꼭 세워 공부하자.'라는 생각이 들었어요. 과학자들과 수학자들의 연표를 만들며 책 읽고 싶은데, 지금 시간이 없어요. 학교와 학원 가고, 집에 와선 씻고 자기 바빠서.

🙍 학교에서 짬짬이 읽어야겠네.

🙍 그래서 학교에서 아침마다 책을 읽고 있어요.

다시 생각해 보니, '고은이가 수학과 과학에 관련한 책도 읽고 싶고, 연표도 만들며 공부하고 싶은데 너무 바쁘구나'라고 아이의 말을 그대로 반영해 주면 좋다. 그런데 나도 모르게 해결책을 제시했다. 해결책과 조언을 제시하기 전에 아이의 말을 반영해 주면, 아이가 공감받은 느낌이 들어 더 자신감 있게 말하게 된다.

중요 - 자기 교육 시스템

🙍 79페이지에 "그것은 독서와 사색을 통해 스스로 깨우지는 자기 교육 시스템이다" 그러니까 자기 교육 시스템으로 자기

를 교육하자!

🧑 응, 공부는 스스로 해야 한다는 생각.

👧 그러니까 남이 시키는 대로 하는 게 아니라 내가 하고 싶은 방법대로 공부해야 한다는 거죠.

🧑 그렇지.

고은이의 '중요'가 끝나고, 내가 '궁금'과 '중요'하게 생각하는 부분을 말했다. 진짜 몰라서 질문할 때도 있고, '궁금'의 형식으로 고은이가 생각할 수 있도록 하는 질문을 하기도 한다.

궁금 - 이순신 장군의 마음

🧑 그러면 이제 엄마가 해볼게. **궁금**부터 할게. 12페이지에서 **"이순신에게는 오기와 순무가 따라갈 수 없는 어떤 마음이 있었나요?"**

👧 '오기'와 '손무'가 누구예요?

🧑 12페이지 보면, 병법 책을 지었던 사람들이야.

이순신 장군이 병법을 생각할 때, 여러 가지 책을 많이 참고했어. 이순신 장군이 한 유명한 말 중에 "죽고자 하면 살고, 살고자 하면 죽는다"와 "한 사람이 길목을 지키면 능히 천 명도 두렵게 할 수 있다."가 있어. 이 말들은 오기가 《오자병법》에서 "죽음을 각오한 자는 살고, 살기를 바라는 자는 죽는다"와 "한 사람이 목숨을 버리면 능히 천 명도 두렵게 할 수 있다."라고 한 말을 생각했던 거 같아.

🧑 그런데 《오자병법》과 《손자병법》 모두 적의 숫자가 아군보다 절대적으로 많으면 절대로 싸우지 말라고 했는데, 이순신 장군은 끝까지 싸웠어.

👩 이순신 장군은 '무조건 구해야 한다'고 생각하신 거죠.

🧑 빨간 줄 그어 놓았지. 같이 읽어보자.

🧑👩 "이순신에게는 오기와 손무가 절대 따라갈 수 없는 마음이 있었다. 그것은 낮은 자리에서 고통받는 백성을 향한 사랑이었다."(p.12)

궁금 - 생각하는 이유

🧑 13페이지에 생각하는 이유가 뭐래?

👩 사랑을 깨닫기 위해서

🧑 맞아, 사랑을 깨닫고 실천하기 위해 '생각'하는 거지.

궁금 - 열심히 일할수록 가난해지는 이유

🧑 27페이지에서 왜 우리는 열심히 일할수록 가난해질까?

👩 많이 가진 사람들이 쪽쪽 빨아먹기 때문에.

🧑 네 번째 줄에 답이 있네.

👩 "우리나라의 경제 구조가 신자유주의 경제시스템 아래 들

어가 있기 때문이다"(p.27)

🙂 '신자유주의 경제시스템'이 뭐죠?

🙂 똑똑한 사람들이 자신들을 위해서만

🙂 다른 사람들을 이용하는 거지.

궁금 - 우리나라 교육의 문제

🙂 45페이지 우리가 받은 쓰레기 교육 네 가지는?

🙂 일제의 식민교육, 공동 노동자와 직업군을 양성하기 위해 설계된 프러시아 교육을 이어받은 미국 공립학교 교육, 친일파 우민화 교육, 군사정권의 독재교육.

🙂 지금 무슨 말인지 알겠어?

🙂 응

🙂 일제 식민교육은 자기들이 다스리기 쉬운 사람으로 만들기 위한 교육이었고,

🙂 그래서 인문학 못하게 하는 교육.

🙂 맞아, 미국 공립학교 교육은 똑똑한 몇 사람들이 밑에 사람들을 마음대로 다스리기 위해서 노동자처럼 만든 거지. 그리고 친일화의 우민화 교육은 우리 국민을 소나 돼지처럼 막 다스려도 되는 사람 취급했지. 군사정권의 독재교육도…

🙂 64페이지에서 우리나라 교육 어떻게 해야 할까?

🙂 학교 교육을 바꿔야 해요.

🙂 어떻게 바꿀 수 있을까?

🙂 무조건 '이것은 이것이다'라고 가르쳐 주지 말고, 왜 그렇게 되는지 깨닫게 해야 해요.

🙂 여기 나오지. "인문학에 기초한 수학과 과학 교육을 해야 한다"(p.64) 인문고전을 읽고 필사하고 사색하고 토론하는 교육

🙂 그래서 엄마랑 이거(하브루타)를 한다고 생각했어요.

🙂 맞아. 오빠가 다른 책보다 이 책 먼저 하브루타 해야 한다고 엄마에게 강력하게 말해서 지금 이 책부터 하브루타 하는 거야. 오빠가 왜 이 책부터 하브루타 하라고 했는데, 왜 그렇게 중요하게 생각하는지 알겠어?

🙂 응

🙂 나도 알 거 같아.

🙂 이걸 가지고 현실을 깨달으라고

🙂 좀 생각하면서 살라는 거지.

궁금 - 생각의 질량을 늘리는 법

🙂 116페이지 생각의 질량을 늘리는 법은?

🙂 "인문학 독서를 치열하게 시작하라."

그러니까 이 책에서 이야기하고 싶은 거는 '인문학을 공부해

서 공부를 열심히 하고, 독서를 열심히 하고, 그동안 위대했던 과학자들과 수학자들에 대한 거, 그리고 다른 사람들에 대한 것도 다 알고, 내가 나를 먼저 움직여야 한다' 이거네요.

🧑 그치. 고은이가 오늘 많이 읽었고, 정리도 잘 했네.

👩 한 시간 동안 읽었어요.

🧑 잘했다. 우리 딸.

하브루타는 소감과 실천할 것을 말하고, 칭찬과 격려로 끝내는 것이 좋다. **부모는 절대 자녀를 다른 아이들과 비교하지 말고, 오롯이 아이의 있는 모습 그대로 받아들이고 격려해야 한다.** 그것이 아이가 스스로 건강하게 자라도록 돕는 법이다. 때로 아이들에게 부모가 가장 큰 걸림돌이 될 수 있다. 자발적으로 하고 싶었는데 하라고 하니 하기 싫어지고, 열심히 했는데 다른 사람과 비교하니 힘이 빠진다. 아이에게 잔소리하기 전에 부모 자신을 먼저 돌아보아야 한다. **아이들은 부모의 말이 아니라 삶을 보고 배운다.** 슬프지만 그렇다. 나도 실수를 많이 한다. 하지만 이젠 실수하면 미안하다고 진심으로 용서를 구한다. 아이들은 부모보다 관대하다. 웬만하면 용서해준다. 어떤 것은 시간이 걸리지만. 그럴 때는 기다려 주어야 한다.

《생각하는 인문학》으로 하브루타 두 번째 시간 : 4장

4장 물음_얻으려면 구하라.

　《생각하는 인문학》 4장의 내용이 많아서, 내가 먼저 '궁금'의 형식으로 고은이가 내용을 정리할 수 있는 질문을 했다.

궁금 - 사업 성공의 비밀? 'Think!'

🧑 180페이지 토마스 J.왓슨이 파산 직전의 회사 C-T-R을 최고의 기업 IBM으로 변화시킨 비밀이 무엇이었나요?

👧 Think!

🧑 오! 잘했어요. 바로 맞췄어요. 어떻게 "Think" 했어

👧 계속 'Think' 하면서 일어나고, 'Think' 하면서 먹고, 'Think' 하면서 잤어요.

🧑 맞아요. 결과적으로 어떻게 됐어요? 계속 'Think' 한 결과가 뭐였지요?

👧 1위가 되었어요. 그런데 점점 내려갔어요.

🧑 어떻게 생각함으로 1위 기업이 되었을까?

👧 그 Think 자체가 창조적으로 만들었기 때문이에요.

🧑 맞아, 182페이지 보면 'Think'함으로 창조적인 기업이 되었어. 계속 'Think' 하니, 참신한 생각 많이 하게 되어 노벨상 수상자를 5명이나 배출했고, 특허가 5900개나 나왔대.

🙂 와!

🙂 그런데 고은이 말대로 최고가 되었지만, 그다음에 183페이지에 보면, 누구누구가 나왔나요?

🙂 빌 게이츠

🙂 빌 게이츠가 어떻게 했지?

🙂 "Think week"

🙂 "Think week"가 뭘까?

🙂 생각하는 주?

🙂 1년에 한 주를 "Think week"이라고 해서 출근 안 하고, 조용한 곳에 가서 생각만 하는 거야.

🙂 이 아저씨 멋진데! 일주일 동안 회사 안 가고 생각만 하다니!

🙂 무조건 노는 게 아니라, 깊이 있게 생각하는 시간을 가지는 거지.

🙂 생각할 수 있는 여유를 주는 게 좋은 거 같아요.

🙂 그치? 그런데 이제 빌 게이츠 보다 한 단계 더 나간 사람이 있었지. 누구지?

🙂 스티브 잡스, "Think different"

🙂 다르게 생각해 보라는 거지.

🙂 '이렇게 된다면 어떻게 될까?'하고 여러 가지로 생각.

궁금 - 서양 문명의 기초? 'Think!'

🧑 188페이지에서 동양 문명의 기초는 무엇인가요?

👩 공자의 '인'과 '예'

🧑 맞아, 그럼 서양 문명의 기초는 뭐였나요?

👩 소크라테스의 "Think"

👩 "Think", 이것이 서양 문명의 기초였대요.

궁금 - 데카르트가 나와 무슨 상관?

🧑 200페이지에 데카르트가 생각하는 나를 발견했다고 하는데, 그것이 지금 21세기 사는 나하고 무슨 상관이 있을까요?

👩 데카르트가 무슨 일을 했어요?

👩 생각하는 나를 발견했잖아.

👩 네, 데카르트가 생각하는 나를 발견했지요. 그래서 나도 생각할 수 있게 되었어요.

🧑 응, 엄마가 데카르트의 사상이 어떻게 발전되었는지 그려 봤어.

소크라테스부터 데카르트, 그리고 데카르트의 사상이 어떻게 지금까지 연결되었는지 정리를 하는 것이 좋을 거 같아서, 내가 정리하고 고은이에게 따라서 써보게 했다. 물론 아이가 직접 책을 읽고 정리할 수 있다면 더 좋다.

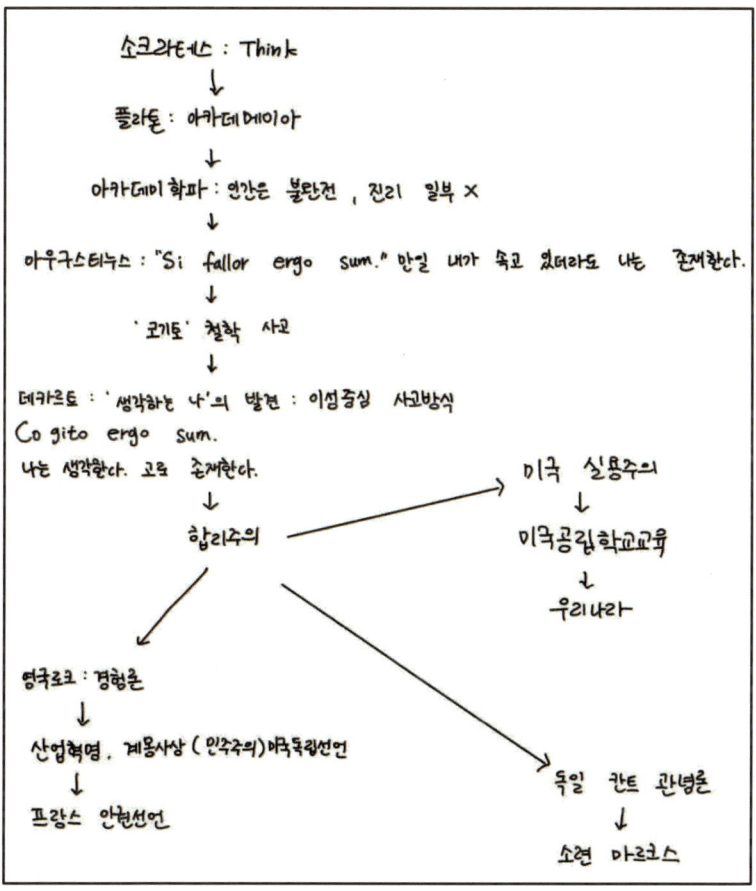

〈고은이가 그린 데카르트의 생각지도〉

🧑 데카르트가 생각하는 나의 발견 하게 된 기원은 <u>소크라테스</u>야. <u>소크라테스의 'Think'</u>가 서양 문명의 기초라고 했지. 소크라테스의 제자가 **플라톤**이었어. 소크라테스는 책을 안 썼어. 그냥 질문하고 답하는 수업만 했어. 소크라테스가 수업

한 것을 플라톤이 책으로 기록했어. 플라톤은 뒤에 학교도 하나 만들었어. '**아카데미아**'. 이 학교는 건물이 있는 학교가 아니고, 그냥 큰 나무 밑이었어. 나무 밑에 애들 모아놓고 거기서 가르쳤어. 이것이 나중에 발전해서 '**아카데미 학파**'가 됐어. 아카데미의 학파가 점점 발전하면서, 철학이 발전했어. 그런데 많은 철학자의 철학적 사고가 "인간은 불안전하다. 불완전하므로 진리를 알 수 없다. 그러니까 진리는 없다"라는 결론으로 가 버렸어.

😊 진리를 알 수 없는 거지, 없는 것은 아니잖아요.

🙂 맞아. 그래서 '**아우구스티누스**'가 말했어.
"만일 내가 속고 있더라도 나는 존재한다."

😊 존재하기 때문에 속을 수 있는 거잖아요.

🙂 그렇지, 아우구스티누스가 그걸 말했어. 아우구스티누스가 코지토(Cogito) 철학의 기초를 만들었어. 데카르트가 이것을 공부하면서 '생각하는 나'를 발견했어. 데카르트가 살던 시대가 중세 시대였는데 교회에서 모든 것을 다 장악하고 있었어. 심지어 성경책도 신부들만 가지고 있었고, 라틴어로 쓰여 있었어. 보통 사람들은 성경에 뭐가 기록되어있는지도 몰랐어. 무조건 신부님이 말하는 것이 다 진리라고 생각했어. 신부들이 성경에 없는 말을 자기들 마음대로 말했어. 예를 들면, 면죄부를 사면 죄를 용서해준다고 했어.

😊 사람 죽여놓고 면죄부 사면 끝이네.

🧑 **데카르트**가 종교에 대해서도 또 다른 것에 대해서도 '정말 맞을까?' 의심하는 생각을 하기 시작했어. 이게 정말 맞을까 싶은데 그것도 아닌 것 같고, 결과적으로 아무것도 확실한 게 없는 거야. 그러다가 의심하고 있는 자기 자신이 존재한 다는 것은 확실하다는 것을 깨달았어.

🧑 '생각하고 있는 나 자신.' 아우구스티누스랑 비슷했지. 아우구스티누스는 속더라도 속는 나 자신이 있다고 한 것처럼, 데카르트는 생각하는 나 자신이 있다고 결론 내렸어.

데카르트는 이성 중심으로 생각하기 시작했어. 데카르트 사상에서 '합리주의'가 나왔고, '합리주의'는 독일로 가서 칸트의 '관념론'이 되었고, 구소련의 마르크스와 레닌에게서는 '공산주의'가 되었어.

👧 공산주의는 나쁜 거 아니야?

🧑 공산주의는 '모든 사람이 같이 벌고, 같이 써서 가난한 사람이 없이 하자. 모든 사람이 똑같이 나누자.'라는 거야. 그 생각 자체는 나쁘지 않았어. 근데 나쁘게 이용한 것이 문제였지. 데카르트의 '합리주의'가 영국으로 가서는 로커의 '경험론'이 되었어. 모든 것을 경험하고 실험해 봐야 한다는 거야. 합리주의가 독일 가서는 칸트의 '관념론'이 되었어. 관념론은 합리적 생각으로 결론을 만든다는 거야.

영국은 로크의 경험론대로 자꾸 실험하고 관찰하면서 '산업혁명'이 생겼어. 기계를 발명하기 시작했고 많은 것을 생산하기 시작했어. 그리고 생각해 보니 '왜 저 사람만 권위가 있고, 왜 귀족이 있고, 왜 왕이 있는 거야? 우리는 모든 사람이 평등한데.' 그런 생각 생각이 생긴 거야. 그러면서 프랑스의 혁명이 프랑스 혁명이 일어났어. 그리고 이것이 미국으로 넘어가서 미국 독립 선언을 하게 됐어. 그리고 우리나라의 민주주의로 넘어왔지. 그러니까 데카르트가 생각이 이만큼 온 거야.

🙍 데카르트로부터 완전히 다른 두 가지 사상이 다 나온 거네요. 민주주의와 공산주의.

🙍‍♂️ 그렇지. 데카르트 이후로 아무 생각 없이 살던 사람들이 더 많은 생각을 하게 된 거지. 소크라테스가 생각의 중요성을 강조하기 시작했고, 데카르트가 그것을 발전시켰고, 우리에게까지 영향을 끼치는 거지.

🙍‍♂️ **데카르트의 생각하는 나의 발견이 지금 21세기에 나와 무슨 상관이 있니? 어떤 상관이 있지?**

🙍 우리나라가 민주주의를 하게 했어요.

🙍‍♂️ 또 우리나라 학교 교육에도 영향을 미쳤어요.

🙍 프랑스에서 프랑스 혁명이 일어났어요.

🙍‍♂️ **데카르트의 생각하는 나의 발견이 프랑스에 혁명이 일어나게 했고, 미국 독립선언으로 연결되고, 우리나라 민주주의에도 영향을 끼치고 있지.**

궁금 - 인공지능과 인문학의 관계

🧒 211페이지 미래 문명인 인공지능과 인문학의 관계는 뭘까?

👩 컴퓨터의 모체가 인문학이기 때문이에요. 그리고 컴퓨터는 과학 기술이기 전에 인문학이기 때문에 인공지능과 인문학은 밀접한 관계가 있어요.(p.213, p.217)

🧒 왜 인문학이지?

👩 왜냐하면, 인간이 컴퓨터에 무엇인가 입력을 해야 하고, 그 입력을 할 것을 생각하려면 인문학이 필요해요.

🧒 맞아. 그것도 그렇고. 《주역》의 이진법을 재발견한 사람이 라이프니츠였지. 라이프니츠가 미적분도 발견했지. 미적분 덕분에 지금 로켓과 우주선도 생겼고.

👩 에고 머리야.

🧒 이거 같이 읽어보자.

🧒👩 "그러니까 이해의 폭을 '라이프니츠 이후로 수백 년 걸친 실용 인문학의 토양이 있었기에 컴퓨터라는 거대한 나무가 탄생할 수 있었고, 마이크로소프트라는 화려한 꽃이 필 수 있었구나. 우리도 앞으로 문명적 의미의 'Think'를 통해 실용 인문학의 토양을 만들겠구나'로 넓히지 못한다면, 미래는 없을 것이다."(p.218)

궁금 - 회의주의

🙂 이제 고은이가 궁금한 거 질문해 보세요.

👧 193페이지에 나오는 '회의주의'는 무엇인가요? 회의주의는 안 좋은 것인가요?

🙂 회의주의란 회의를 많이 하는 주의가 아니고, '이렇게 살 필요가 있을까?', '죽을 건데 살 필요가 있을까?'

👧 '어차피 배고픈데 왜 먹을까?'

🙂 그렇지, '그럴 필요가 있을까?' 하는 게 '회의'지.

아우구스티누스는 회의주의의 위험을 알았어. 왜냐하면, 회의주의는 결국 허무주의로 가거든. '살 필요가 뭐 있을까? 어차피 죽을 건데', '왜 살지? 그냥 죽어버리자' 그렇게 생각되는 거지.

👧 '내가 죽기 전에 행복을 누리고 맛있는 거 먹어야지.'

🙂 아우구스티누스는 인간이 비록 불완전한 존재이지만, 하나님의 도우심으로 완전한 진리를 알 수 있다는 것을 증명해 냈지.

👧 좋은 거예요? 안 좋은 거예요?

🙂 회의주의가 좋은 것은 아니지만, 회의주의를 통해 하나님을 발견할 수도 있지. 인간은 불완전하므로, 진리를 찾기 힘들지만, 그런 인간을 만드신 하나님이 계시잖아.

'고민하는 내'가 있으면, '고민하는 너'가 있고, '고민하는 우리'가 있고, 이 '고민하는 우리'를 만드신 '하나님'이 계신 거지.

신의 존재까지 증명해 낸 거야.

 인간은 불완전하지만, 완전한 하나님이 계시기에 우리를 도와주시고, 완전한 하나님이 함께하시기에 인간의 삶은 의미가 있다고 아우구스티누스는 말했지.

궁금 - 아우구스티누스의 신앙

아우구스티누스는 하나님을 믿었을까요?

믿었어. 하나님을 아주 독실하게 믿었어.

　처음에는 아우구스티누스도 하나님을 안 믿는 허무주의자였어. '어차피 죽을 건데 마음대로 먹고 마시고 놀고 그렇게 살자' 했지. 막살다가 결혼도 안 한 상태에서 16살 때 아들을 낳았어. 술도 많이 마시고 도박도 많이 했어. 그러다 하나님을 만난 거야. '인간은 불안전하지만 완전한 하나님이 계시구나, 하나님의 은총이 인간을 살리는구나'라고 깨달았지. 그러면서 자신의 이런 깨달음을 '은총의 신학'으로 만들어냈어.

궁금 - 진실한 인문학

195페이지에서 데카르트가 말하는 '진실한 인문학'이 무엇일까요?

'진실한 인문학'의 이 '진실한'이 의미하는 것이 뭘까?

진실 된 거.

🧑 이지성 작가는 195페이지에서 학문적 성취를 이룬 데카르트가 추구한 새로운 인문학이 "내면에서 솟아오르는 진실한 인문학이었고, 세상이라는 거대한 책 속으로 뛰어드는 살아있는 인문학"이라고 말하고 있네요. 그냥 '누가 뭐라고 했더라, 그래서 이렇게 됐고 저렇게 됐고'라고 책 속에만 있는 인문학이 아니라, 실제 세상으로 나와 사용되는 인문학을 진실한 인문학이라고 해요. 세상에서 우리 삶 가운데서 사용되는 인문학, 여행과 성찰을 통해서 사람들의 삶 속에서 읽어낼 수 있는 인문학, 실천할 수 있는 인문학이 진실한 인문학이에요.

중요 - 실패는 성공으로 가는 과정

🧒 중요하게 와닿은 것을 말해 볼게요.
"오늘의 실패는 성공으로 가는 과정에 불과해. 난 언젠가 거대한 성에서 왕처럼 살게 될 거야."(p.177)
나도 언젠간 거대한 성에서 왕처럼 살 거로 생각했어요.

🧑 좋은 말이네.

🧒 오늘 실패해도 '나중에 결국은 성공하게 될 거야' 생각하는 거죠.

🧑 이거 누가 말한 건 줄 알아?

🧒 IBM 회사를 만든 토마스 J. 왓슨

여기서 이야기를 끝낸 것이 좀 아쉽다. 토마스 J. 왓슨이 어떤 상황에서 그 말을 했는지보다 구체적으로 질문했으면 더 깊이 있는 하브루타를 했을 텐데. 하브루타를 한 후에 이렇게 글로 정리해야 하는 이유이다. 어떤 부분이 잘 되었는지 어떤 부분이 부족했는지 평가해 볼 수 있고 보완할 수 있다. 하브루타를 하고 바로바로 정리하지 않아 밀리는 게 문제이다. 하브루타를 하고 최소한 다음 하브루타 하기 전까지는 지난 하브루타 과정에 대해 스스로 피드백을 해 보는 것이 더 깊이 있는 하브루타로 가는 길이다.

토마스 J.왓슨은 지금으로부터 약 100년 전 싸구려 마차에 피아노와 재봉틀을 싣고 시골길을 다니며 농부들을 상대로 세일즈 하던 청년이었다. 불경기가 찾아와 잘되던 장사를 망쳤지만, 왓슨은 좌절하지 않았다.
"오늘의 실패는 성공으로 가는 과정에 불과해. 난 언젠가 거대한 성에서 왕처럼 살게 될 거야."
이렇게 말했던 그는 후에도 여러 번 좌절을 경험했지만, 끝까지 긍정과 성실로 세일즈를 했다. 결국, 그는 IBM이라는 거대한 기업을 만들었다.

중요 - 위대함과 깊이를 만들어 주는 인문학

201페이지에 "인문학을 제대로 하면 언젠가는 반드시 당신의 인생이 완벽하게 바뀌게 됩니다. 인문학은 당신의 내면에 '위대함'과 '깊이'를 만들어 주기 때문입니다."가 좋았어요. 인문학을 열심히 하고 싶어요.

🙂 응, 나도 그거 좋았어. '위대함과 깊이!' 멋있다.

이 부분에선 인문학엔 어떤 것이 있는지, 무엇부터 공부하면 좋을지 구체적으로 하브루타 하지 못한 것이 아쉽다. 자신의 입으로 명확하게 말하면, 실천 가능성이 커진다.

중요 - 세계는 뼛속까지 데카르트적이다.

🙂 리처드 왓슨의 "세계는 뼛속까지 데카르트적이다."(P.202)라는 말이 중요해 보였어요.

🙂 왜 그런지 알겠지? 관념론과 경험론과

🙂 프랑스 혁명과 오늘날 민주주의와 공산주의에도 영향을 끼쳤지요.

🙂 202페이지에서 리처드 왓슨이 "17세기 근대 과학의 등장, 18세기 계몽주의, 19세기 산업혁명, 20세기 컴퓨터와 21세기 뇌과학. 이 모든 것이 데카르트에서 비롯되었다."라고 말하여. 정말 대단한 일을 했네.

마지막으로 **하브루타를 하며 느낀 소감과 실천**하고 싶은 그것을 말했다.

🙍 나도 데카르트처럼 10년, 몇 천 년이 지나도 뭔가 좋은 영향을 끼치는 훌륭한 사람이 되고 싶어요. 또, 'Think'를 통해 돈을 많이 벌어 다른 사람들도 많이 도와주고 싶어요.

🙍 나는 인문학이 컴퓨터 인공지능하고도 연결되는 게 참 신기했어. 그러니 인문학이 모든 것의 뿌리라는 것과 수학·과학이 철학과 밀접하게 연관된 게 너무 신기했어. 그러니 인문학을 열심히 공부해야겠다는 생각이 들었어.

아우구스투스와 데카르트 책을 읽었었는데, 이렇게 서로 연결이 되고, 역사에 큰 영향을 끼쳤는지도 깨닫지 못했어. 오늘 서양의 'Think'의 역사가 소크라테스부터 현대까지 이어지는 것이 신기하고 재미있었어.

그리고 중요한 거는 실천이라는 생각이 들어. 이지성 작가는 실천하지 않으면 읽은 것이 아니라고 했는데, 이제 제대로 책을 읽고 실천을 해야겠어.

《생각하는 인문학》으로 하브루타 세 번째 시간 : 5~6장

5장 생각_'그'의 생각이 아닌 '나'의 생각을 하해라.
6장 실천_5000년 역사를 만든 동서양 천재들의 사색공부법

《생각하는 인문학》으로 하브루타 하는 세 번째 시간은 7 키워드(낭독, 재미, 경험, 궁금, 중요, 메시지, 필사) 순서대로 할 계획이었다. 하지만 하다 보니, 이 순서대로 하지 않고 하고 싶은 것을 자유롭게 하브루타 했다. 책에 관해 이야기한다는 주제만 벗어나지 않는다면 꼭 순서대로 하지 않아도 되고, 형식을 갖추지 않고 자유롭게 하브루타 할 수 있다.

낭독 - 레오나르도 다빈치의 공부법 11가지(p.244~254)

🙂 나는 레오나르도 다빈치의 공부법 11가지를 낭독하고 싶어. (p.246~254)

"**첫째, 자기 암시해라.**" 다빈치는 '나는 세상에 도움이 되는 존재가 되기 위해 끝없이 노력할 것이다'와 같은 긍정 선언을 해서 세상에 도움이 되는 존재가 되었어.

"**둘째, 원전을 읽어라. 셋째, 원전을 필사하라.**" 원전과 번역본은 차이 나는 것이 많으므로, 원전으로 보고 적으면 정말 더 명확하게 느껴져.

"**넷째, 홀로 사색하라. 다섯째, 잠들기 전 사색하라.**"
"**여섯째, 인문학 공부 노트를 써라.**"

다빈치는 새롭게 알게 된 사실과 이를 사색한 내용과 사색을 적용한 내용을 노트에 기록했어. 우리가 하는 본깨적(본 것, 깨달은 것, 적용할 것)이 여기서 나온 것 같아.

"**일곱째, 작가와 함께하라.**" 다른 작가들과 이야기를 나누고 책을 지은 작가들과 연락을 할 수 있으면 해서 직접 질문도 하고 교류를 하래.

"**여덟째, 도서관을 사랑하라.**" 다빈치는 도서관을 사랑해서 6개월 넘게 도서관에서 살면서 도서관의 지식을 다 빨아들였대. 그리고 치열하게 노트에다 다 필기를 했대.

"**아홉째, 인문학 서재를 만들어라.**" 우리는 책꽂이 만들어 우리가 볼 인문학책을 꽂아 놓으면 좋겠죠.

꼭 인문학책으로 서재를 만들어야 해요?

고은이는 어떤 책을 두고 싶은데?

예쁜 거나 사진이나 그림, 미술책이요.

미술 인문학이 될 수 있겠네. 레오나르도 다빈치 같은 경우에는 성경과 철학서들이 많이 있었대.

"**열째, 인문고전을 극복하라.**" 다빈치는 인문고전을 정복했대. 먼저 무조건 받아들이고, 두 번째로 그것에 대해 사색해서 적용하고, 세 번째로 저자의 생각을 뛰어넘는 생각 시스템을 만들었대. 좋은 책 읽기 방법인 거 같아.

"**열한째, 자주 휴식하라.**" 쉬는 시간이 있어야 한 대. 그래야지 여유로운 마음에 또 아이디어가 떠오른대

중요 - 아인슈타인 공부법(p.257~268)

🧑 아인슈타인의 공부법을 열 가지였어.
"**첫째, 아인슈타인은 이미지로 생각했어.**" 이미지로 생각하기에 우리가 하는 마인드맵이 좋은 것 같아. 그림의 위치와 함께 기억이 딱딱 잘 날 수 있거든.
"**둘째, 클래식 음악을 사랑했어.**" 클래식 음악을 들으면 좀 더 아이디어 같은 게 많이 떠오른대.

👧 왜요?

🧑 왜냐면 클래식 음악은 뇌에 직접적인 영향을 준다고 해. 그들의 음악을 들으면 그들의 천재성과 만나게 되고, 뇌의 성장을 경험한다네. 아인슈타인도 연구가 잘 안 되면, 피아노를 치거나 바이올린으로 클래식을 연주했데. 그러면 다시 깨달음을 얻었다네. 그래서 태은이 오빠도 이 책을 읽고 클래식을 열심히 듣나 봐.

👧 클래식이 뭐죠? 내가 하는 음악도 클래식이 될 수 있어요?

🧑 몇백 년이 지나서도 인정되면 그렇게 될 수도 있겠지.

👧 그럼 요즘 유행하는 것도 다 들어도 되겠네요?

🧑 여기서 클래식이라는 것은 바흐, 모차르트, 슈베르트 같은 고전파 음악가들의 곡을 말해. 지금 나온 거 말고.

👧 대중가요도 들으면 좋지 않아요?

🧑 대중가요는 보통 가사가 들어가 있잖아. 가사가 들어가 있

는 것은 집중을 방해할 수가 있지. 가사가 없는 경음악이나 찬양은 좋을 거 같아.

🧑 그러면 대중음악도 가사 없이 반주만 나온 거 괜찮아요?

🧑 글쎄. 클래식 음악을 들으면 위대한 음악가들의 천재성과 만나고 뇌의 성장을 경험한다는데, 대중가요는 좀 입증되지 않은 것도 많지.

🧑 네, 넘어가시죠.

솔직히 나도 클래식을 많이 듣지 않고, 대중음악도 잘 모른다. 고은이는 대중음악을 좋아하고 자주 즐겨 듣기에 질문이 많았는데, 음악에 관해 잘 모르니 내 생각대로 말할 뿐이었다. 결국, 답답한 고은이는 그냥 넘어가자고 했다. 고은이에게 솔직하게 모르는 건 모른다고 하고, 함께 알아볼 것은 알아보자 할 것을 하는 아쉬움이 남는다.

🧑 **"셋째, 도서관에서 생각하라."** 도서관에서 책을 읽으면서 생각하는 게 좋고. 작가처럼 생각해 보래.

"넷째, 작가처럼 생각하라." 자신이 작가가 된 그것처럼 생각하고, 작가들을 사랑하고 존경하래.

"다섯째, 자기 머리로 생각하라." 다른 사람이 어떻게 했다고, 무조건 따라가지 말래. 자신의 머리로 생각하는 능력을 기르라고 하네.

2장 독서로 생각을 깊고 넓히는 아이 113

🙂 "여섯째, 생각을 글로 표현하라", "일곱째, 생각을 실천하라", "여덟째, 토론하라." 생각을 말과 글로 표현하고, 실천해보고, 그것을 토론하래.

263페이지에 '토론 규칙'이 나오는데, 재미있어.

"아침 늦게 일어난다. 밤늦게까지 토론해야 하니까 오전 수업만 듣는다. 강의시간에 실컷 졸거나 강의를 듣지 않고, 호수에서 배를 타는 것을 환영한다. 체력을 비축해야 하니까. 오후에 무조건 카페에 책을 들고 모여 토론을 시작한다. 오후 수업이 있다면 들어도 좋지만 되도록 빼먹는 것을 권한다. 중요한 건 수업이 아니라 독서와 토론이다." 그래서 오빠가 이것을 실천하려고, 고등학교에서 '독서 동아리'를 만들었어.

🙂 (신기해하며) 오빠가?

🙂 응.

필사 - 창조 세계의 모든 것에는 길이 있다.

🙂 저는 필사하고 싶은 것들이 있어요.
"창조 세계의 모든 것에는 길이 있다"(p.271)를 읽으며, '내가 어떤 일을 하다가 실패하더라도, 새로운 일을 해 나가는 길이니 포기하지 말자', '천천히 하더라도 끝까지 하자'라는 생각이 들었어요.

🙂 사람들이 많이 다니면 그게 길이 되기도 하지요.

사실 이지성 작가가 '6장 실천'의 도입부에서 "창조 세계의 모든 것에는 길이 있다"라고 말한 이유는 '인문학에도 길이 있다'라는 것을 말하고 싶어서였다. 고은이의 적용도 좋았지만, 문장을 문맥에서 이해하도록 돕지 못했던 것이 아쉽다.

이지성 작가는 271페이지와 272페이지에서 **인문학에는 세 가지 길**이 있다고 말했다. '**첫째는 지식적으로만 이해하는 인문학**으로 우리나라 사람들 대부분의 인문학 공부법이다. **둘째는 인문학을 통해 작은 지혜를 깨닫는 공부법**으로 서양 명문 사립대에서 보통 하는 공부법이다. **셋째는 위대한 지혜를 걷는 생각의 길을 걷는 인문학**으로 인문고전 저자들처럼 생각하는 법을 배우는 공부법이다.' 난 지식적으로 인문학을 이해하는 첫 번째 단계도 못 들어갔었다. 이지성 작가의 이 책이 인문학으로의 길을 도입하기에 좋은 책인 거 같다.

필사 - 천재처럼 생각하기

🧑 280페이지에 "천재처럼 생각하기"

🧑 어떻게 천재처럼 생각할 수 있을까?

🧑 예를 들어 '내가 아인슈타인이었으면 이 상황에서 뭘 했을까?', '내가 노벨 수상자였다면 여기서 어떤 것을 했을까?'

🧑 고은이는 누구처럼 생각하고 싶어?

🧑 아직 그건 모르겠어요. 생각 중이에요.

이지성 작가는 280페이지에서 유대 교육의 특징으로 '**천재처럼 생각하기**'를 소개했다. "국어 시간에는 셰익스피어나 괴테처럼 생각할 것을 요구하고, 수학 시간에는 오일러나 페르마처럼 생각할 것을 요구하고, 과학 시간에는 뉴턴이나 아인슈타인처럼 생각할 것을 요구하고, 역사 시간에는 헤로도토스나 투키디데스처럼 생각할 것을 요구하고, 음악 시간에는 모차르트나 베토벤처럼 생각할 것을 요구하고, 미술 시간에는 미켈란젤로나 라파엘로처럼 생각할 것을 요구한다."

　　글을 읽으며, 천재들에 대해 생각하면서 또한 나의 롤모델처럼 생각하면 좋겠다는 생각이 들었다. 기도할 때는 엄마처럼 기도하고, 성경 원전은 정정우 목사님처럼 연구하고, 운동할 때는 어벤저스의 나타샤처럼 운동하고, 아이들을 가르칠 때는 윤혜성 코치님처럼 똑 부러지게 가르치고, 하브루타 할 때는 유현심 대표님처럼 잘 진행하고, 외국어 공부할 때는 한글로 영어 김순희 지사장님처럼 열정적으로 공부해야겠다.

필사 - 창조성과 천재성을 회복하라.

🙍 "이 세상에 태어났던 순간 하나님께 선물 받았던 창조성과 천재성을 회복하라. 본연의 당신 자신으로 돌아가라"

🙍 주입식에서 벗어나 나만의 사색공부법을 개발하라는 말이지.

🙍 네, 그렇게 하면 좋겠다고 생각했어요.

필사 - 입지하라.

🧒 292페이지에 "위대해지려고 각오한 사람만이 위인이 될 수 있다." 내가 뭔가를 크게 결심을 해야지 그게 될 수 있다는 거니까 뭐든지 결심을 일단하고 시작하려고요.

👩 샤를 드골이 한 말이지. 내가 계획 세우고 결심하지 않으면, 다른 사람들의 계획대로 내가 살게 된대.

궁금 - 선조와 정조 중 누구를 닮고 싶나요?

🧒 292페이지에서 율곡에게 직접 입지 교육을 받은 선조와 정조 두 왕의 이야기가 나오지. 그중 누구를 본받고 싶어?

👩 선조랑 정조 중 나는 정조가 되고 싶어.

🧒 선조는 율곡에게 입지 교육을 받았지만, 실생활을 실천을 안 했잖아. 임진왜란 때도 도망치기 바빴지. 백성은 버려놓고. 하지만 정조는 '백성들이 어떻게 하면 잘할까?' 하면서 여러 가지 개혁을 하고, 수원 화성도 만들었지.

필사 - 잃어버린 마음을 되찾는 인문학

🧒 298페이지에 "인문학이란 다름 아닌 잃어버린 마음을 되찾는 것이다." 나의 잃어버린 마음을 되찾고 싶어요.

👩 어떤 마음을 어떻게 되찾고 싶어요?

🧒 내가 뭘 하려고 노력을 했다가, 갑자기 김이 식어버리고

안 하고 관심이 없어지다가, 또 다른 사람이 하는 거 보면 갑자기 '그거 열심히 해야겠다.' 하게 되는 게 있어요. 그러니까 열심히 내 마음을 다시 찾고 싶어요.

👦 여기 나온다. 298페이지에 "애써 되찾은 마음을 자신도 모르는 사이에 또 잃어버리게 된다. 이때 필요한 것이 현실 세계에서 하는 거경궁리인 …"

👧 공자랑 정자랑 율곡 이이가 그들의 관점에서 뭐라고 했다는데 너무 어려웠어요. 그냥 '내가 이 사람이었으면 어떻게 했을까?' 생각해 보고 하려고요.

하브루타를 할 때, 하브루타 짝의 말이나 나의 말의 근거를 책에서 찾아서 말하는 연습을 해야 한다. 하브루타 토론의 목적은 이기는 것이 아니다. 인생의 진리를 깨달아 가는 것이다. 그러니 꼭 나의 의견뿐 아니라 상대방의 의견이나 생각에도 책의 근거로 말해주면, 함께 해답을 찾아갈 수 있다.

"거경궁리란 사람과 사물을 지극히 공손하고 경건한 마음으로 대하는 상태인 경(敬)에 거(居)라면서 궁리(窮理), 즉 사색하는 것이다." (p.295)

이 부분에서 한자어들이 많이 나오자 고은이가 힘들어해서 그냥 넘어갔다. 아이가 더 알고자 하는 마음이 있으면, 더 자세히 설명해 주는 것이 좋다. 하지만 아이가 배울 마음이 없을 때는 넘어가 주고 다음 기회를 보는 것이 아이와 하브루타를 계속할 방법이다.

하브루타의 중요한 특징이 자발성이다. 아이들은 하브루타를 통해 주입식으로 공부하지 않고, 호기심으로 스스로 공부한다. 하브루타에서 부모가 할 일은 아이가 준비될 때까지 기다리며, 먼저 공부하고, 적절한 질문으로 동기부여를 하는 것이다. 아이가 준비될 때까지 부모도 스스로 또는 책을 보며 사색을 하며 준비되어야 한다. 준비된 부모가 준비된 아이를 알아볼 수 있고, 적절히 질문하고 답할 수 있다.

😊 마음을 잃어버리지 않고 목표를 끝까지 해 나갈 방법이 어떤 게 있을까?

😊 열심히 계획표를 만들어 잘 보이는데 놓으면 좋을 거 같아요. 자꾸 기억하게 되고, 계획표를 만든 것이 아까워서라도 지킬 거 같아요.

😊 고은이는 어떤 것을 계획하고 싶어?

😊 이모티콘 만들 거랑 버킷리스트 같은 거요. 다 적어놓은 다음에 나중에 딱 기억나면 바로 할 수 있게.

😊 언제 무엇을 할지 시간과 장소를 정해놓는 게 좋대요.

😊 언제 일정이 바뀔지 모르니까, 시간은 넉넉하게 잡아놓을 거예요. 이번 겨울 방학 때, 시험 끝나고, 이런 식으로.

중요 - 인문학의 목적은 사랑

🧑 268페이지에 "순우리말 '생각하다'의 고어는 '괴다'이다. '괴다'는 '사랑하다'는 의미다. 즉 '생각하다'라는 '사랑한다'이다. 영어 'Think'의 기원인 그리스어 '노에시스'는 철학, 즉 '필로소피아'를 의미한다. 필로소피아는 '지혜를 사랑하다'라는 의미다. 즉 Think는 사랑이다. 당신의 생각이 사랑으로 충만하길 빈다. 인문학의 목적은 사람을 사랑하는 것이기 때문이다." 이 문장이 중요한 거 같아. 인문학의 목적이 뭐래?

👧 사람을 사랑하는 것.

중요 - 그랜드 투어를 하라.

🧑 343페이지에 "그랜드 투어를 하라." 인문고전을 읽고, 그 지역에 직접 가보는 거야. "터키의 트로이 유족지를 답사하면서 호메로스 《일리아드》를, 그리스의 이데네 아가데미에서 《플라톤의 대화편》을, 공자의 주유천하 경로에 따라가면서 《논어》를, 도산서원을 거닐면서 퇴계 이황의 《퇴계법》을, 다산초당에서 다산 정약용의 《목민심서》를 읽고 토론하고 사색하는 것을 목적으로 한다." 정말 멋있잖아.

서로 가고 책 속 여행지들과 그곳에서 무엇을 하고 싶은지를 이야기를 나누었다.

중요 - 스펙보다는 인문학에 미래를 걸어라!

🧑 374페이지 "TV나 스마트폰을 볼 시간에 위대한 화가들의 작품을 감상하라. 대중가요를 들을 시간에 위대한 작곡가들의 음악을 들어라. **친구들과 만나서 수다를 떨 시간에 인류의 역사를 새롭게 쓴 위인들을 만나라.** 스펙보다는 인문학의 미래를 걸어라. 물론 그렇다고 그대의 인생에서 TV, 스마트폰, 대중가요, 친구를 들어내라는 의미는 아니다. 학점관리나 취직 준비를 하지 말라는 의미도 아니다. 이젠 그대의 삶에도 '위대함'과 만나는 시간을 만들라는 의미이다." 멋진 말이다.

👧 친구들과 인문학 여행을 가면 되겠네요.

🧑 위대한 것과 가까이하래. 위대한 게 뭐라고 그랬어?

👧 위대한 화가들의 작품, 작곡가들의 음악, 역사를 새롭게 쓰는 위인들.

하브루타 소감

🧑 오늘 이야기하면서 고은이가 느꼈던 건 뭐예요?

👧 저도 책을 읽고 '그랜드 투어'하고 싶습니다. 또, 제 방을 정리해서 인문학책을 예쁘게 두고, 필요 없는 책을 버리고 싶습니다.

《생각하는 인문학》 하브루타 워크시트 1

제목	생각하는 인문학	작성자	
지은이	이지성	작성일	

낭독 : 읽어 주고 싶은 부분은 어딘가요? 그 이유는 무엇인가요?
경험 : 비슷하거나 연관된 경험이 있었던 부분이 있나요?
재미 : 희노애락의 감정이 느껴졌던 부분은 어딘가요?
궁금 : 어떤 것이 궁금한가요? (사실적, 사색적, 평가적, 해석적)
중요 : 어떤 것이 중요하게 느껴지나요? 그 이유는 무엇인가요?
메시지 : 작가가 말하고자 하는 메시지는 무엇일까요?
필사 : 적어 두고 다시 보고 싶은 구절은 어디인가요? 그 이유는?

하브루타 전체 소감 :

(A4로 사용했던 워크시트를 축소 편집한 워크시트)

《생각하는 인문학》 하브루타 워크시트 2

제목	생각하는 인문학 4장	작성자	
지은이	이지성	작성일	

소크라테스부터 시작된 'Think'나무를 그려보세요.

중요하게 와닿은 부분은 어디인가요? 이유가 무엇인가요?

어떤 것이 궁금한가요?(사실적, 사색적, 평가적, 해석적)

하브루타 전체 소감 :

(A4로 사용했던 워크시트를 축소 편집한 워크시트)

- 2 -
성공하는 사람들의 공통된 특징?
《독서 불패》

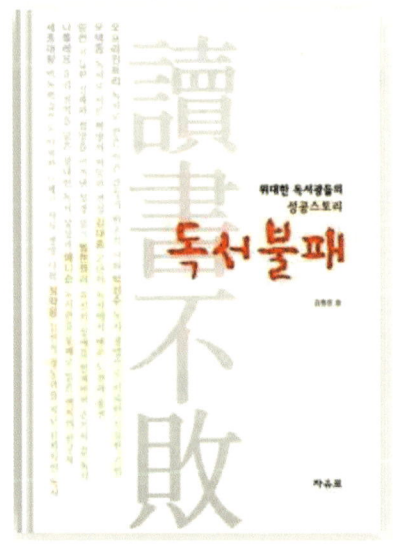

《녹서 불패》ⓒ 김정진, 자유로

《독서 불패》는 독서로 성공한 10명의 독서광의 성공에 관한 이야기이다. 백독백습으로 15세기 지식 경영사회를 이룩한 세종대왕, 독서 상상력으로 유럽 전역을 정복한 나폴레옹, 거듭된 실패와 절망을 성경 읽기로 이겨낸 링컨, 실천적 행동력을 지닌 정약용, 도서관을 통째로 읽은 벤처의 선구자 에디슨, 손가락 끝 독서로 육신의 장애를 떨쳐버린 헬렌 켈러, 독서로 혁명을 이룬 모택동, 고난의 독서로 도전했고 응전했던 김대중, 독서 경영으로 신실한 기업을 만든 박성수, 독서로 인간 감정의 원초적인 이해를 했던 오프라 윈프리 등의 이야기가 담겨 있다.

세종은 어린 시절부터 100번 읽고 100번 쓰는 '백독백습(百讀百習)'으로 책을 읽어 책 속 지식을 완전히 습득했다. 태종은 충녕대군(어린 세종)의 이런 모습을 보고, 방자하게 행하던 맏이(양녕대군)가 아닌 그에게 왕위를 물려 주었다.

세종은 왕이 된 후 신하들이 마음껏 책을 읽을 수 있도록 '사가 독서'제도를 만들었고, 백성들도 쉽게 글을 읽고 말할 수 있도록 '한글'을 만들었다. '사가 독서' 덕분에 집현전에 소속되어 있던 재능있는 신하들은 조정업무에서 며칠간 집에서 쉬며 마음껏 책을 읽을 수 있었다. '한글' 덕분에 백성들도 쉽게 글을 배울 수 있게 되었다.

나폴레옹도 어린 시절부터 책 읽기를 즐겼다. 작은 키와 작은 섬 출신이라는 이유로 따돌림을 받던 시절, 책은 그의 안식처였다. 전쟁, 재정, 상업 및 문학 등 다양한 방면의 책을 정독하고 발췌록을 만든 그의 머리는 '잘 정리된 서랍 같은 두뇌'로 알려져 있다.

책을 읽으며 상상을 통해 미리 프랑스와 유럽의 넓은 공간을 정복한 나폴레옹은 독서를 통해 얻은 뛰어난 분석력과 집중력으로 많은 전쟁을 승리로 이끌었다. 그는 전쟁터에서도 책을 읽었고, 유배지에서도 책을 읽었다. 책은 나폴레옹 평생의 가장 친한 친구였다.

링컨은 어린 시절 가난하여 책이 별로 없어 대부분 빌려다 읽어야 했고, 보았던 책을 보고 또 보았다. 그에게 가장 큰 영향력을 준 책은 《성경》과 《조지 워싱턴 전기》와 《톰 아저씨의 오막살이(Uncle Tom's cabin, 1852)》이다.

"내가 가르친 대로, 하늘에 계신 하나님을 사랑하고 하나님의 계명을 지키기를 바란다."

링컨은 천사 같았던 새어머니의 유언을 따라 매일 새벽 4시에 일어나 두 시간 동안 《성경》을 읽었다. 성경은 링컨이 유혹을 받거나 고난 겪을 때마다 나침판이 되어 주었고, 위로되어 주었다. 그는 또한 《조시 워싱턴 전기》를 통해 그는 대통령의 꿈을 키웠고, 《톰 아저씨의 오막살이》를 통해 노예해방에 대한 인식을 새롭게 했다.

조선 시대 실학을 집대성한 대학자인 다산 정약용은 어린 시절 이익이 쓴 《성호사설》을 읽고 실학에 눈을 떴다.

"마음에 항상 만백성에게 혜택을 주어야겠다는 생각과 만물을 자라게 해야겠다는 뜻을 가지고 있어야만, 참다운 독서를 한 사람이다"(p.69) 라고 말한 정약용은 백성들을 생각하는 참다운 독서인이었다.

개혁성향에 독서를 사랑했던 정조는 이런 정약용과 이야기를 나누기를 좋아했다. 정조는 정약용에서 수원화성을 만들 것을 지시했고, 건축에 대해 전혀 몰랐던 정약용은 건축에 관한 책들을 읽고, 건축술을 익혀 수원화성을 만들었다.

정조의 지극한 사랑을 받던 정약용은 천주교의 교리를 기술한 《천주실의》로 인해 18년간 강진에 유배를 당하게 되었다. 유배 기간에도 그는 실용적이고 실천적인 독서를 하며 책을 썼다. 끝을 알 수 없어 막막한 유배 기간에도 그는 정치, 경제, 사회, 문화 전반에 걸친 500여 권의 책을 썼다.

질문이 너무 많았던 에디슨은 초등학교에서 쫓겨났지만, 책 읽어주는 어머니 낸시 덕분에 뛰어난 상상력과 창의력을 기를 수 있었다.

12세에 디트로이트 시립도서관의 모든 책을 다 읽은 에디슨은 탄탄한 배경지식과 넘치는 아이디어로 백열전등, 전차, 축전지 등 특허 수가 1000종이 넘는 뛰어난 발명가가 되었다.

보지 못하고, 듣지 못하고, 말하지 못했던 헬렌 켈러는 손가락 끝으로 세상을 배웠다.

"내가 책에 얼마나 많은 신세를 졌는지는 이루 다 말할 수 없습니다. 기쁨이나 지혜뿐만 아니라, 일반 사람들이 눈이나 귀로 얻는 지식까지도 나는 책에서 얻었습니다. 그만큼 나의 배움에서 책은 보통 사람보다 훨씬 큰 의의를 지니고 있습니

다."(p.95)

　삼중고로 모질고 난폭한 성격을 가졌던 헬렌 켈러는 손가락 끝에서 얻은 독서의 힘으로 지혜롭고 따뜻한 사람이 되었다. 좋은 책은 굳은 마음을 부드럽고 하고, 절망하는 마음에 빛이 된다.

　지금의 중국을 건국한 모택동(마오쩌둥)도 책을 사랑한 사람이었다. 지나치게 제한된 중학교 교과과정에 반발한 그는 중학교를 자퇴하고 매일 도서관으로 가서 책을 읽었다.
　"어떻게 부강한 중국을 만들까?"라는 질문을 하며, 수많은 책을 읽은 그는 독서 상상력을 통해 지금의 중국 기초를 만들었다. 중국 공산주의는 찬성하지 않지만, 독서를 통해 강한 중국을 만들어낸 그의 독서력은 놀랍다고 생각된다.

　한국의 제15대 대통령이었던 김대중 전 대통령도 녹서광이었다. 대학을 정상적으로 마치지 못했던 그는 다양한 분야의 깊이 있는 독서로 대학을 졸업한 사람들보다 뛰어난 실력을 갖추게 되었다.
　그는 특히 감옥에서의 독서가 그의 지적 성숙의 대부분을 이루었다고 한다. 옥중에서 그는 철학, 신학, 정치, 경제, 역사, 문학 등 동서양을 걸친 다방면의 책을 두루 읽었다. 그를 보면 책을 붙든 사람은 위기 가운데서도 평안과 기쁨을 얻을 수 있다는 생각이 든다.

'독서 경영', '지식 경영'으로 이랜드를 경영하는 박성수 회장은 전 직원이 독서에 우선순위를 두도록 권면했다. 독서를 하는 사람들은 자신의 분야에서 '전문가'가 되고, 신선한 자극으로 새로운 '아이디어'를 떠올릴 수 있기 때문이다.

그는 사원들이 필독서를 읽고, '독서록'을 쓰고, '지식 이력서'를 쓰도록 했다. 그리고 이를 승진 등 인사에 반영하여 독서가 기업의 핵심 활동이 되게 했다. 이러한 그의 '독서경영', '지식 경영'은 이랜드가 '생산성'을 올리고, '혁신'을 만들어 가게 했다.

미국 토크쇼의 여왕 오프라 윈프리는 미국에서 가장 영향력 있는 연예인으로 알려져 있다. 그녀는 자신의 성공 비결을 '독서'라고 말한다.

그녀는 미시시피에서 사생아로 태어나 9살 때 사촌오빠에게 강간당하고, 이후에도 끊임없는 성적 학대를 받았다. 14세 때 미숙아를 사산했고, 20대 초반에 마약을 복용했다. 절망에 빠진 그녀를 일으켜 준 것은 독서였다. 책은 그녀의 친구가 되었고 그녀가 고통과 절망을 이겨내도록 했다.

후에 그녀는 책을 통해 얻은 지혜와 재치있는 입담으로 사람들의 마음에 위안을 주는 토크쇼 진행자, 1년에 1500억 이상의 수업을 올리는 사업가가 되었다.

그녀는 말한다.

"나를 이만큼 만든 것은 첫째가 신앙이고, 둘째가 독서였습

니다."(p.184)

《독서 불패》에는 이 10명의 독서광 외에도 셀 수 없이 많은 성공한 독서광들의 이야기가 가득하다. 책이 좋은 것은 알고 있었지만, 이 책을 읽으니 책이 어떻게 좋은지 더 구체적으로 깨닫게 되었다. 책은 인생의 좋은 친구이고 안식처이고 위로이다. 책은 인생의 지식과 지혜가 가득한 보물창고이다. 독서는 인생의 내비게이션이고 북극성이다.

《독서 불패》에 나오는 많은 독서광 외에도 독서로 성공한 사람들은 셀 수 없이 많다.

몽상을 실현하는 냉철한 사업가 일론 머스크는 어린 시절 약한 체력과 엉뚱한 상상력으로 친구들에게 왕따를 당했다. 외로운 소년이었던 그를 구해준 것이 바로 책이었다. 그는 만 9세에 브리태니커 백과사전을 완독했고, 하루에 10시간도 책을 읽었다. 그가 읽은 많은 책은 그가 더 큰 상상력과 실험정신을 갖게 했다.
로켓과 우주에 대한 지식을 어떻게 갖게 되었냐는 질문에 그는 단순히, "I read books"(나는 책들을 읽어요)라고 대답했다. 독서가 답이다.

교보문고의 창립자인 신용호 회장은 폐병과 가난으로 초등학교도 졸업하지 못했지만, 집에서 매일 책을 읽어 폭넓은 지식과 지혜를 갖추었다. 후에 그는 "사람은 책을 만들고, 책을 만든다"라는 구호를 내건 교보생명과 교보문고를 창립했다.

《독서 불패》를 읽으며 독서를 하고 싶은 열정이 마구 솟아올랐다. 고은이도 같이 읽고 하브루타 함으로 책 읽는 것을 더 즐기는 아이가 되기를 바라는 마음을 갖고 하브루타를 했다. 물론 아이에게 이런 엄마의 숨은 의도를 직접 말하는 것은 좋지 않다. 아이가 마음에 부담을 가지면, 자발성과 성취감이 떨어질 수 있기 때문이다.

엄마로서 아이에 대한 기대는 있지만, 하나님과 아이에게 맡긴다. 아이가 엄마의 의도대로 성장해 가면 기쁜 것이고, 또 다른 방향으로 성장해 가더라도 예상치 못한 더 큰 기쁨이 있다. 엄마에게 믿음의 인내가 있으면 모두가 행복하다.

《독서 불패》로 하브루타

 각자 책을 읽고, 워크시트에 중요하게 생각되는 부분들을 미리 적어 와서 하브루타를 시작했다. 워크시트는 미리 적어오기도 하고, 하브루타 중간에 적기도 하고, 하브루타 후에 적기도 한다. 하브루타 할 책의 내용이나 양에 따라서, 또는 그날그날 하브루타 할 수 있는 시간이나 상황에 따라서 자유롭게 워크시트를 쓴다. 비교해 보면, 워크시트를 미리 적어오는 것이 하브루타 시간에 집중하여 생각하고 말하기에 가장 좋았다. 《독서 불패》는 책은 두껍지 않지만, 생각해 볼 내용이 많아 미리 적어오게 했다.

🧑 하나님 아버지, 독서 불패라는 책으로 하브루타 하게 하심을 감사합니다. 하브루타를 통해 하나님의 뜻을 깨닫고, 하나님 뜻대로 이 땅에 선한 영향력을 끼치며 살게 도와주세요. 예수님 이름으로 기도합니다. 아멘

 먼저 기도하면서 시작하고, **책을 읽은 전체적인 느낌과 제목에 관한 이야기**를 나누었다.

🧑 이 책을 읽은 전체적인 느낌은 어땠어요?

👩 독서가 굉장히 중요하다는 생각을 깨닫게 됐어요.

🧑 어떤 게 제일 기억에 남아요?

🙂 "모든 해답은 독서에 있다."

🙂 구체적으로 하나만 말하자면?

🙂 그냥 모든 이야기에서 모든 답이 다 독서였어요.

🙂 그래서 제목이 독서 불패인가 봐.

　독서를 하면 패하지 않는다고 독서 불패.

　여러 가지 이야기로 구성된 책은 7 키워드(낭독, 재미, 경험, 궁금, 중요, 메시지, 필사)로 하나씩 이야기를 나누면 너무 많다. 그때는 하나의 이야기씩 하브루타 하거나, 이야기별로 **마음에 와닿는 부분과 실천하고 싶은 것을 중심으로 본깨적 하브루타**를 한다. 《독서 불패》도 10명의 독서광의 이야기가 나오기 때문에 **본깨적(본 것, 깨달은 것, 적용할 것) 하브루타**를 했다. 보통 하브루타를 한 시간 정도 하는데, 이 책은 이야기할 거리가 많아서 두 번 나누어서 하브루타를 했다.

　첫 번째로 백독백습으로 15세기 지식 경영사회를 이룩한 세종에 관한 이야기를 하브루타 했다.

🙂 세종에 관한 내용 중에서 어떤 부분이 와닿았나요?

🙂 **백독백습이 중요하다는 거.**

🙂 백독백습이 왜 중요하대요?

🙂 100번 읽고 100번을 쓰면 책 속에 있는 지식을 완전히 습

2장 독서로 생각을 깊고 넓히는 아이　133

득할 수 있기 때문이에요.

🙂 근데 100번 읽고 100번 쓰기 너무 어렵지 않을까?

🙂 100번 안 읽으면 되죠. 한 번만이라도 읽는 게 어디에요?

🙂 그렇죠? 나도 그렇게 생각해요.
백 번 읽는 것은 하겠는데 쓰는 건 정말 힘들 것 같아요.
아! 옛날에 인쇄술이 발달 되지 않았을 때는 다 썼지.

🙂 그치, 책을 다 쓰고 외우지.

그 외에도 세종 대왕이 맏이가 아니었지만, 책을 읽음으로 왕이 되었다는 것과 세종 대왕의 아버지 태종(이방원)은 어떤 사람이었는지 꼬리에 꼬리를 물고 질문과 답을 이어나가다가 다시 책 속 내용으로 돌아왔다.

🙂 나도 세종대왕을 보면서 많이 읽는 것이 좋다는 생각이 들었어요. 또 세종대왕 말고 이렇게 책을 여러 번 읽는 독서를 한 사람이 누가 있었죠?

여러 번 읽는 독서를 했던 '라이프니츠'와 그가 발견한 미적분 공식에 관해 이야기를 나누었다.

중요 - 독서를 즐긴 세종, 사가 휴가

🙂 엄마는 책을 읽으며 어떤 부분이 좋았나요?

🧑 "세종에 대한 부분에서 세종대왕이 책을 많이 읽어서 아픈 것이 아니라,"

👧 "몸이 약했는데도 불구하고 독서를 즐겼다."

🧑 맞아, 그 부분이 재미있었어요.

👧 또 책을 많이 읽을 수 있도록 '사가 휴가'를 주었다는 것이 좋아 보였어요.

👧 집에서 책 안 보고 놀면 어떻게 해요?

👧 글쎄 이 사람들은 그러지 않았을 것 같아. 책을 너무너무 좋아하는 사람들이었기 때문에. 영국 빅토리아 여왕 시대에도 비슷하게 '셰익스피어 휴가'가 있었다고 하죠. 지금도 이렇게 독서 휴가를 보내는 사람이 있을까요?

👧 네, 빌 게이츠

👧 잘 기억하네. 《생각하는 인문학》에서 읽었지요.

고은이가 알았으면 좋을 것 같은 내용이나 재미있는 이야기들도 질문으로 시작하여 이야기를 나누었다.

신숙주와 세종대왕

👧 14~15페이지에서 신숙주랑 세종대왕 사이에 어떤 일이 있었죠?

👧 도포를 덮어 주었어요. 회사에서 저녁에 야근하고 있는 직

원에게 자신의 코트에 덮어 주는 상사 같은 느낌이랄까.

🧑 달콤한데! 세종대왕이 신하들에게 신숙주가 아직도 책을 읽고 있는지 보라 하고, 아직 책을 보고 있다고 하니까 잠자려다 다시 일어나 책을 보았다는 이야기도 재미있었어요. 그런데 나중에 신숙주가 세종대왕을 배신한 것은 참 슬픈 일이에요.

👧 (놀라서) 왜요?

🧑 세종대왕 죽고 난 다음에 문종이 왕이 되었어. 문종이 몸이 좀 약했어. 문종이 빨리 죽어 어린 단종이 왕이 되었어. 세종의 다른 아들 세조가 자신이 왕이 되고 싶어서 어린 단종을 밀어내고 왕이 되었어. 이때 신숙주가 세조한테 붙었어. 그래서 숙주나물이라는 거야.

👧 (깜짝 놀라며) 네? 숙주나물?

🧑 숙주나물은 빨리 변해 버리잖아. 요리해서 바로 안 먹으면 금방 상해서 못 먹거든. 신숙주처럼 빨리 변하는 나물이라고 '숙주나물'이라고 한데.
 어떤 사람은 신숙주를 이해할 수 있겠다고 해. 단종은 힘이 약한 왕이었잖아. 세조는 카리스마 있고, 단종보다 정치를 잘할 것 같아서 자기의 정치적 이익보다는 조선이라는 나라의 이익을 위해 신숙주가 세조를 택했다는 사람도 있어.

👧 차라리 단종을 죽인 척하고 다른 데라도 빼돌려주지.

🧑 좋은 생각이긴 한데, 단종과 단종을 따르던 그 세종대왕의

측근들은 다 죽었어. 단종을 따른 사람들을 '사육신'과 '생육신'이라고 해. '사육신'은 세종에게 충성심이 있어서 단종을 지키려다가 죽은 사람들이고, '생육신'은 끝까지 지키려다가 유배되어 버렸어. 세종이 신숙주를 좋아하는 내용을 읽으며, 숙주나물이 생각나서 마음이 아팠어.

책의 각 이야기 마지막마다 적혀 있는 명언들도 마음에 감동이 되어 같이 이야기를 나누고 싶었다. 못 보고 지나갈 수 있는 문장들도 함께 보이면 보이고, 질문하면 보인다.

좋은 책은...

- 여기 마지막에 이 명언이 와닿았어.
 세종이 한 말은 아니지만, 한번 읽어봐.
- "좋은 책은 청년 시절에 읽으면 삶의 길잡이가 되고, 노년에 읽으면 훌륭한 오락이 된다."
- 고은이는 그럼 책이 고은이에게 지금 무엇일 것 같아?
- 삶의 길잡이.
- 엄마는?
- 노년이니 훌륭한 오락. 대학생 아들이 있으니.
- 뭐? (엄마가 노년이라는 고은이의 말에 충격을 좀 받았다. 나이 49세인 엄마에게 노년이라니) 고은아, 청년과 노년 사

이에 중년이라는 게 있어.

🙂 아! 청년과 노년만 나누라는 거 같아서.

🙂 엄마는 중년이야. 그래서 책이 엄마에게는 삶의 길잡이도 되고 재미도 되지.

두 번째로 '독서 상상력으로 유럽 전역을 덮은 나폴레옹'에 관해 하브루타를 했다. 먼저 전체적으로 어떻게 읽었는지 질문하고 꼬리에 꼬리를 물고 질문하며, 더욱 깊이 생각하게 했다.

《플루타르크 영웅전》

🙂 나폴레옹은 어떻게 책을 읽었어요?

🙂 나폴레옹은 언제나 독서에 전념했어요. 나폴레옹에게 가장 큰 영향을 미친 책은 《플루타르크 영웅전》이었어요.

🙂 《플루티르그 영웅전》은 어떤 내용이었어요?

🙂 어떤 영웅들이 싸우는 이야기요.

🙂 여기 26쪽에 보면 46명의 그리스와 로마의 정치가를 대비해 가면서 서술한 이야기랍니다.
(하브루타 할 때 항상 근거를 대어 주는 것이 좋다.)

🙂 《플루타르크 영웅전》을 보고 감동 영감 받은 사람들은 누가 더 있었지요?

🙂 셰익스피어, 베토벤

중요 - 발췌록과 메모 독서

🧒 나폴레옹은 또 어떻게 책을 읽었어요?

👧 책을 정독하고 **발췌록이나 메모**로 기록을 남겼어요.

🧒 그래서 우리도 메모하고 왔지요.

(워크시트를 미리 주어 적어오게 했다.)

👧 또 나폴레옹은 분석력과 집중력과 치밀한 논리를 소유했었고, 겸손하고 순수했다고 합니다.

《젊은 베르테르의 슬픔》

🧒 또 나폴레옹이 전쟁에서 전쟁터에서 《젊은 베르테르의 슬픔》을 읽고 승리했다는 것이 신기했어요.

👧 (왜 그런지 궁금한 표정을 지었다.)

🧒 《젊은 베르테르의 슬픔》은 연애 소설이거든. '젊은 베르테르'가 '로테'라는 여자를 사랑하게 되었는데, 로테는 이미 약혼자가 있었어. 로테는 약혼자와 결혼을 했고, 베르테르는 슬퍼서 자살했어. 2000명 이상의 젊은이들이 이 책을 읽고 자살했는데, 나폴레옹은 전쟁터에서 이 책을 읽고 불안과 초조를 다스려 전쟁에 승리했다는 게 신기했어요.

🧒 보통 사람들은 '책 읽을 시간이 없다'라고 하는데, 나폴레옹은 뭐라고 했지요?

👦 '독서 해야 하므로 다른 것을 할 시간이 없다'라고 했어요.

나폴레옹에게 배우고 싶은 독서법

👦 나폴레옹을 읽고 고은이가 실천하고 싶은 건 뭐였어요?

👧 머리 안에 있는 서랍장이요. 나도 그런 거 갖고 싶어요. (나폴레옹은 철학, 역사, 지리, 문학, 과학 …등 여러 분야의 책을 읽고 발췌록을 만들어 두었다. 결과적으로 그의 머리는 '잘 정리된 서랍 같은 두뇌'라고 한다. p.28)

👦 그러려면 어떻게 해야 하지요?

👧 책을 많이 읽어야죠.

👦 나도 고은이가 말한 것처럼 책을 읽고 발췌록을 만들어 머릿속에 서랍장처럼 정리하고 싶어요. 또, 나폴레옹처럼 '독서 상상력'을 갖고 싶어요. 페이지 30쪽에 보면 고은이가 방학 때 갈 싱가포르의 '이광요 수상'도 이런 독서 상상력으로 싱가포르를 건설했데요. 사무엘 헌팅턴의 《문명의 충돌》을 읽고 싱가포르를 멋지게 만들었다지요.

세 번째로 '성경 읽기로 거듭된 실패와 절망을 이겨낸 링컨'에 관해 하브루타를 했다.

양보다 질, 실패해도 다시

😊 링컨에 관한 글은 어떻게 읽었나요?

👧 링컨은 독서 한 힘으로 측량기사가 되었고, 변호사가 되었고, 대통령이 되었습니다.

'독서는 양보다 질이 중요하다. 많은 책보다 좋은 책을 읽는 것이 유익하다'라는 것을 배웠습니다.

'나는 다시 시작했다'라고 선포하면 실패해도 다시 실천하는 모습이 굉장히 좋았습니다. '지금은 내가 실패했지만, 틀림없이 하나님이 나를 구원하신다'라는 믿음이 필요하다고 생각했습니다.

😊 "틀림없이 하나님이 나를 구원하신다."

👧 링컨은 노예 제도를 없애고, 미합중국을 통일했어요.

이번에는 고은이가 내게 질문해 주었다.

성경으로 실패극복

😊 엄마는 링컨을 어떻게 읽으셨나요?

😊 네 링컨이 거듭된 실패마다 성경대로 행동하는 것이 재미있었어요. 링컨은 실패했을 때, 더 잘 먹고 머리에 기름도 바르고 다녔답니다. 그 이유가 시편 23편 6절 "주께서 내 원수의 목전에서 내게 상을 베푸시고, 내 머리에 기름을 부으셨으니 내 잔이 넘치나이다."말씀 때문이래요.

저는 시편 23편 말씀을 이렇게 적용하는 사람은 처음 봤어요. 실패해도 하나님이 도우신다는 믿음의 사람인 것 같아요.

고은이와 하브루타를 할 때, 바쁠 때는 그냥 책을 읽기만 하고 바로 하브루타를 한다. 하지만 보통은 하브루타 전에 책 내용이나 작가에 대해 인터넷으로 검색하거나 다른 책을 읽어 관련된 조사를 한다. 고은이가 책을 더 잘 이해할 수 있는 유용한 내용이나 재미있는 이야기들을 들려주기 위해서이다. 링컨에 관해서는 유튜브로 조금 더 알아본 내용을 말해주었다.

건강했던 링컨

🙂 링컨은 몸이 약했을까요? 튼튼했을까요?

🙂 약했어요.

🙂 왜 그렇게 생각해?

🙂 (눈치를 보고) 튼튼했어요?

🙂 나도 링컨 사진을 보고 링컨이 약했을 그거로 생각했거든. 근데 키도 엄청 크고 그 지역에서 1등 하는 레슬링 선수였대요. 어떻게 그렇게 튼튼하게 되었을까?

🙂 …

🙂 링컨이 어렸을 때부터 아빠가 공부 같은 거 필요 없다고 농사일을 열심히 하라고 했어요. 링컨은 나무패고 농사짓고 집안에서 많은 일을 해서

142 실전! 가정 하브루타

🙂 근육이 커졌군요.

책을 싫어한 아버지, 책을 사랑한 어머니

🙂 링컨이 책을 보고 있으면 아빠가 책을 빼앗고 못 읽도록 했는데 어떻게 링컨은 자유롭게 책을 읽게 되었지요?

🙂 매매계약서

🙂 맞아, 아빠가 잘못 계약할 뻔한 것을 계약서를 링컨이 잘 봐서 손해 보지 않을 수 있었지. 계약에 관한 책은 봐도 좋다고 하셨지.

🙂 다른 책은 읽지 말라는 거 아니에요?

🙂 링컨의 아버지가 이제 글의 중요성을 조금 아신 거지.

링컨의 아버지는 독서를 싫어했는데, 책 읽기를 좋아하는 링컨의 두 어머니와 결혼했던 것이 신기하단 이야기를 나누었다.
또 링컨은 전쟁터에서나 백악관에서도 언제나 성경 읽고, 기도하는 대통령이었다는 것과 링컨이 노예 제도를 폐지한 데는 독서의 영향이 컸었다는 이야기도 나누었다.

링컨에게 배우고 싶은 점

🙂 링컨을 읽고 고은이가 실천하고 싶은 건 뭐예요?

🙂 링컨이 책을 많이 읽어서 대통령이 된 것처럼 나도 책을

많이 읽어 좋은 사람이 되고, 기도도 열심히 하고, 건강하고, 실패해도 다시 일어나겠습니다.

실패해도 맛있는 거 먹고 일어난다!

👦 나도 링컨처럼 건강하고 똑똑해지기 위해서 운동하고, 책을 열심히 보고, 특히 성경을 열심히 보겠습니다.

이렇게 고은이와 책에 나온 독서광들 한 사람 한 사람에 관한 이야기와 본받고 싶은 점을 하브루타 했다.

마지막으로 하브루타를 한 소감과 실천할 것을 말했다. 고은이는 얼른 책을 많이 읽고 싶다고 했다. 나는 정약용이 유배지에서 언제 유배가 끝날지 모르는 가운데 열심히 책을 읽고 쓴 것처럼, 언제까지 순천에 살지 모르지만, 열심히 책을 읽고 쓰겠다고 했다. 또 우리 둘 다 나폴레옹처럼 책을 많이 읽어 머릿속에 책 서랍을 만들기로 했다. 《독서 불패》는 우리에게 독서를 더 열심히 하고 싶은 마음을 확실히 주었다.

《독서 불패》로 하브루타 워크시트

제목	독서 불패 (위대한 독서광들의 성공스토리)	작성자	
지은이	모치즈키 도시타카	작성일	

* 각 이야기를 읽고 필사하고 싶은 부분들을 필사하고, 필사한 이유를 적어보세요.

1. 세종 : 백독백습을 이룩한 15세기 지식 경영 사회

2. 나폴레옹 : 유럽 전역을 덮은 광대한 독서 상상력

3. 링컨 : 거듭된 실패와 절망을 이겨낸 성경읽기

4. 정약용 : 실천적 행동력을 지닌 신지식인의 독서

5. 에디슨 : 도서관을 통째로 읽은 벤처의 선구자

(A4로 사용했던 워크지를 축소 편집 한 워크지)

6. 헬렌켈러 : 육신의 장애를 떨쳐버린 손가락 끝 독서

7. 모택동 : 독서로 이룬 혁명의 씨앗과 결실

8. 김대중 : 고난의 독서에서 배운 도전과 응전

9. 박성수 : 독서 경영으로 이룩한 신실한 기업

10. 오프라 윈프리 : 독서로 얻은 인간 감정의 원초적 이해

전체 소감과 실천할 것 :

(A4로 사용했던 워크시트를 축소 편집 한 워크시트)

3장

꿈을 위해 노력하는 아이

📖 3장 꿈을 위해 노력하는 아이

"Success is no accident. It is hard work, perseverance, learning, studying, sacrifice and most of all, love of what you are doing or learning to do.(성공은 우연이 아니에요. 성공은 노력, 끈기, 배움, 공부, 희생, 그리고 무엇보다 당신이 하고 있는 것 또는 당신이 배우고 있는 것에 대한 사랑입니다)"
― Pele (펠레)

꿈과 비전을 이루고, 보람 있는 인생을 살기 위해서 공부가 필요하다는 것은 대부분 안다. 하지만 막상 공부를 시작하려면, 너무나 많은 장벽이 있다. 공부보다 급해 보이는 것이 많다. 카톡이나 문자 메시지에 바로 답을 해 주어야 할 거 같고, 축제를 위해 친구들과 춤 연습하는 것도 중요하다. 공부보다 재미있는 것도 많다. 텔레비전, 컴퓨터 게임, 유튜브나 틱톡 동영상, 친구와 맛있는 거 사 먹고, 쇼핑하며 돌아다니기.

이런 여러 가지 유혹을 이겨내고 공부하려고 책상에 앉았다고 공부가 잘 되는 것도 아니다. 유튜브 동영상 볼 때는 그럴

게 머리가 말똥말똥했는데, 책만 보면 졸린다. 지겹다.

사실 학생들만의 문제가 아니다. 이젠 수명도 길어지고, 하나의 직업으로 끝까지 살기도 힘들다. 끊임없이 공부해야 하는데, 마음처럼 자리에 앉기도 집중하기도 쉽지 않은 것은 어른들도 마찬가지이다.

큰아들은 내게 가장 큰 영향력을 준 선생님 중 한 명이다. 큰아들을 통해 공부하라는 잔소리가 아이에게 스트레스만 주고 공부는 하게 하지 못한다는 것을 깨달았다. 아이에게 잔소리 말고, 나부터 공부하기로 했다. 잘하지는 못해도 여러 가지 공부를 지금까지 재밌게 하고 있다.

학교 다닐 때는 왜 그렇게 공부하는 게 힘들었지? 생각해 보니 학교 다닐 때는 하고 싶은 공부가 아니라, 해야 하는 공부를 했기 때문에 싫었다. 호기심으로 공부하는 것이 아니라, 의무적으로 공부했다. 부모님을 기쁘시게 하려고, 선생님에게 칭찬받기 위해. 내가 하고 싶은 공부가 아니라, 학교에서 정해준 공부를 해야 했다. 알아가는 기쁨으로 기쁜 공부가 아니라, 평가받고 시험 못 치면 혼나는 공부라서 하기 싫었다.

하고 싶어서 하는 공부, 알고 싶은 새로운 것을 알게 되고 익숙해지는 공부는 참 재미있다. 아이들도 이런 공부를 했으면 좋겠다. 어른들의 강요 때문에 스트레스받으며 공부하지 말고, 배움의 기쁨을 느끼는 공부를 하면 좋겠다.

그래서 선택한 것이 하브루타였다. 아이와 책을 읽고 이야기를 나누며, 스스로 꿈을 갖고, 알고 싶은 것을 공부하고, 배움의 즐거움을 누리며 살게 하고 싶었다. 책을 읽으면 생각하는 능력이 생겨 스스로 공부하지 않을까 하는 생각이었다. 딸 고은이는 매일 귀찮게 학원 다니는 것보다 엄마와 일주일에 한 번 하브루타가 낫겠다고 생각하고 좋다고 했다. 그렇게 시작한 하브루타를 3년째 지속하고 있다. 고은이가 때로는 책을 읽기 싫어하고, 때로는 그냥 쉬고 싶어서 하기도 했다. 그럴 때는 책의 분량을 줄이기도 하고, 시간을 줄이기도 했다. 엄마와 딸의 일대일 수업이어서 가능했다. 지금도 고은이는 시작하기 전에는 그냥 쉬고 싶다지만, 막상 하브루타를 시작하면 엄마와 신나게 수다를 떤다

그렇게 하브루타를 해도 고은이가 침대에서 핸드폰을 하며 시간을 보내는 것을 보니 마음이 또 조급해졌다. 그래서 이번에도 책의 도움을 받았다. 아이들에게 내가 말하면 잔소리이지만, 책이 말하면 스스로 깨달음이 된다. 《이토록 공부가 재미있어지는 순간》을 통해 아이는 더 열심히 공부해야겠다는 동기부여를 받았고, 《공부가 좋아지는 허쌤의 공책레시피》를 통해 노트필기를 더 잘 하는 아이가 되었다.

- 1 -
공부가 재미있어지려면?

《이토록 공부가 재미있어지는 순간》

《이토록 공부가 재미있어지는 순간》ⓒ 박성혁, 다산북스

　《이토록 공부가 재미있어지는 순간》은 공부를 왜 해야 하는지 모르는 학생들, 공부를 잘 하고 싶은 학생들, 공부 때문에 지치고 스트레스받는 모든 사람을 위한 힐링 책이다. 저자 박성혁은 서울대 법대, 연세대 경영대, 동신대 한의대를 동시에 입학한 능력자이다. 하지만 그도 처음부터 공부를 잘 했던 것

은 아니다.

 전라남도 깡촌 시골 마을에 자랐던 그는 중학교 2학년까지 공부를 하고 싶은 마음이 없었다. 열다섯 살 어느 가을날 노는 것이 지겨워지면서 문득 인생에 대해 생각해 보게 되었다. '내 인생도 뭐, 별거 없겠구나', '그건 싫은데! 내 인생 별거 없으면 안 되는데!', '난, 지금 뭐 하고 있는 거지?'

 1주일 내내 끙끙거리다가 문득 거울 속에 자기 얼굴을 보았는데, '나는 평생 얘를 데리고 살겠구나' 싶었다고 한다. 이 생각은 그에게 충격을 주었다. 그는 그 날 아버지랑 서점에 가서 문제지를 잔뜩 사서 풀기 시작했다. 마침내 공부를 시작한 것이다. 공부를 시작해보니 선생님의 말씀도 귀에 쏙쏙 들어오고, 자신감도 생겨서 더 열심히 공부하게 되었다.

 공부의 진정한 재미를 알게 된 박성혁 작가는 말한다.
 "공부는 '머리'로 하는 것이 아니라 '마음'으로 하는 거라서, 공부로 놀라운 기적을 일으키고 싶다면 끊임없이 내 마음을 돌보는 데 집중해야 한다는 것이죠."라고 말한다.

 《이토록 공부가 재미있어지는 순간》에서는 바로 이 공부 마음을 어떻게 다지고, 키우고, 붙잡을지 상세히 이야기해 주고 있다.

대입을 앞둔 청소년들을 위한 책이기는 하지만, 어른인 내가 봐도 힐링이 되고 공부에 대한 동기부여가 되었다. 고등학교 시절 오직 좋은 대학을 목표로 힘들게 공부했었다. 그때 이런 책을 보았더라면, 조금 더 재미있게 공부했을 텐데 아쉽다. 내 나이가 이제 50, 공부하기에 많이 늦은 나이일 수도 있지만, 이제 공부는 평생 공부이다. 아이들과 같이 열심히 공부해보아야겠다. 아름다운 일러스트 그림들이 위로의 말들과 함께 그려져 있어서 공부하다 잠깐씩 보면 힘이 날 거 같다.

《이토록 공부가 재미있어지는 순간》으로 하브루타 1

Part 1 한 번은 힘주어 해주고 싶은 이야기
Part 2 마음을 다지는 순간, 공부는 재미있어진다.

먼저와 제목에 관한 이야기를 하고, 7 키워드(낭독, 재미, 경험, 궁금, 중요, 메시지, 필사)로 하브루타 했다. 고은이의 7 키워드를 먼저 모두 말하고 내가 중요하게 느낀 점을 이야기했다.

표지 이야기

🧑 고은아 이 책 표지를 보니 어떤 생각이 들어?

👧 이렇게 캐릭터를 그리면 돈을 많이 벌 거 같다는 생각을 했어요.

🧑 확실히 너는 사업가의 마인드를 가지고 있구나.
 표지 보니 공부가 너무 재미있어 막 날아다니는 기분인가 봐. 이 책의 표지가 다른 디자인과 그림으로도 많이 나와 있던데 어떻게 다를까?

👧 출판연도가 다른 거 아닐까요?

🧑 초판은 31쇄, 개정판은 58쇄나 되었던 책이네.

👧 유명한 책인데 그동안 우리가 몰랐네.

제목 이야기

👧 제목을 보면 어떤 생각이 들어?

고은이는 공부가 재미있던 순간이 있었어? 언제 재미있었어?

👧 공부하고 시험을 쳤을 때, 내가 아는 문제들이 나왔을 때 재미있게 느껴졌어요.

👩 아는 문제가 시험에 나왔을 때 공부의 재미를 느꼈구나. 네가 공부했을 때 아는 게 나왔어? 아니면 공부 안 해도 아는 게 나왔어?

👧 공부했지요. 공부를 안 해도 나온 적도 있어요.

고은이는 신이 나서 예전에 수학 도형 잘 모르는 문제를 어떻게 풀었는지 자세히 말했다.

👩 와! 고은이는 나중에 디자인에 관련된 일을 하고 싶으니 공간 감각도 좋아야겠네.

고은이는 나중에 가방이나 옷을 어떻게 디자인할지 어떤 종류로 만들지, 또 다른 어떤 일을 하고 싶은지 한참을 이야기했다. 고은이는 가방이나 옷도 디자인하고 싶고, 방송국 무대 디자인이나 대본 쓰는 것도 해보고 싶다고 한다.

때로는 하브루타 할 책 내용보다 아이의 말이 더 중요하다.

주로 책과 관련된 이야기를 하지만, 아이의 꿈과 미래와 관련된 이야기가 나오면 책에서 벗어나더라도 한참을 이야기하게 한다. 아이가 책을 읽으며 얻은 아이디어와 연관해 자기 생각을 말함으로 미래를 구체적으로 설계할 기회가 되기 때문이다. 꿈이나 앞으로 하고 싶은 일에 대해 말할 때면 고은이의 눈이 반짝반짝한다.

Part 1 한 번은 힘주어 해주고 싶은 이야기

낭독 - 끝날 때까지 끝난 것이 아닙니다.

🧑 **낭독**해 주고 싶은 부분은 어디인가요?

🧑 40페이지에 "**끝날 때까지 끝난 것이 아닙니다. 늦었느니 뒤처졌느니 초조해하는 자체가 잘못입니다. 될 때까지 악착같이 매달리는 놈을 누가 당해낼 수 있겠습니까. 나는 반드시 이길 수 있습니다.**"가 좋네요.
  38페이지에 "'**점수 차이**'든 '**능력 차이**'든 '**진도 차이**'든 **내가 다 돌파해버리고야 말겠다는 독한 각오**" 이 부분도 좋아요.

🧑 여기에 이런 그림들이 나오잖아요.

🧑 그림들이 너무 예뻐.

🧑 예뻐서 잘라서 붙이고 싶어요.
  인물 사진을 애니메이션처럼 그림 그려서 팔고 싶어요.

고은이는 이 책을 하브루타 한 후, 가끔 그렇게 라인드로잉을 그려 팔고 있다.

낭독 - 경험의 중요성

🧑 37페이지 "경험은 사람의 능력을 놀랍도록 발전시키거든요." '실패하든 성공을 하든 그게 경험이라 생각하고 열심히 해야겠다'라는 생각을 했어요.

🧑 그렇게 한 적 있어요? 힘들었지만 열심히 해서 성공했던 경험이 있었어?

🧑 아니요.

재미 - 꼭 달콤하기만 했던 건 아니야.

🧑 어떤 부분이 재미있었나요?

🧑 5페이지에서 이 박상혁 작가가 서점에 갔을 때 이야기가 재미있었어요. 남학생들이 작가님 바로 앞에서 "이 작가는 아주 좋으셨겠다. 공부가 아주 그냥 꿀이었다는 거 아냐."라고 말했는데, 작가님은 꼭 달콤하기만 했던 건 아니라고 소리쳐 말해 주고 싶었다는 부분이 재미있었어요.

🧑 "내가 그 책의 작가다" 얘기해 줬으면, 그 학생들도 좋아했을 텐데.

경험 - 공부하라 하면 하기 싫어요.

🧑 비슷한 경험이 있었던 부분이 있나요?

👧 47페이지 "공부는 귀찮고 재미없는, 그래서 될 수 있는 한 절대로 하고 싶지 않은 일이었습니다."

🧑 지금도 그래?

👧 지금은 절대로는 아니고, 하고 싶을 때가 있긴 해요. 하기 싫을 때도 있고. 공부하라 하면 하기 싫어져요. 딱 공부하려 했는데, '공부해라'하면 짜증 나요.

공부에 대한 고은이의 생각

👧 40페이지에서 '공부의 본질이 경쟁이 아닌 성장이라는 점이다.' 그러니 다른 사람이랑 경쟁하지 말고, 그냥 점수는 내가 어느 정도 되는지 확인하기 위한 숫자였으면 좋겠어요.
 전 학교 공부가 아니라, 그냥 하고 싶은 공부를 하고 싶어요. 학교에서 하기 싫은 것도 공부해야 하는 게 싫어요. 시험을 치는 게 아니라, 그냥 노트 정리를 하고 싶어요.

🧑 그런 거는 스스로 공부하면 되지. 그래서 엄마도 유튜브로도 공부하잖아. (이 부분에서 아이의 마음에 공감해 주지 못했다. 내 생각을 전하고 싶은 욕심이 앞섰다.)

👧 대학 가서 하려고. 학교 다닐 때 하면 안 그래도 학교 공부 때문에도 바쁜데 그것까지 할 시간도 없고, 학교 공부까

지 하면 지쳐서 하기 싫어요.

고은이는 대학을 졸업하고 친구들과 어떻게 사무실을 구해서 어떻게 사업을 할지 이야기했다. 또, 여행 다니며 예쁜 사진 찍어 팔고 싶고, 좋은 영상을 찍어 프리미어로 유튜브 영상 편집도 잘 해보고 싶다고 말했다. 그 모든 꿈과 아이디어를 흘러버리지 말고, 아이디어 노트나 꿈 기록장에 잘 적어두라고 말해주었다.

궁금 - 나에게 공부란?

🧑 궁금한 부분은 어디였어요?

👧 47페이지 "저에게 공부는 귀찮고 재미없는, 그래서 될 수 있는 한 절대로 하고 싶지 않은 일이었습니다."라고 적은 것 옆에 엄마가 적어놓았죠. '**나에게 공부란? 성장하는 기쁨, 알아가는 기쁨, 나누고픈 기쁨.**'이라고.

제게 공부란 '**학교에서 억지로 시키는 것**'이에요. 일단 지금은 내가 하고 싶은 공부는 아니니까, 그냥 억지로 하는 공부예요. 또 나에게 공부란 '돈벌이', 돈을 얻기 위한 기본적인 지식.

고은이는 앞으로 하고 싶은 공부와 일과 하고 싶은 사업들을 어떻게 할지 자세하기 말했다.

🙂 전 앞으로 손보다 살짝 큰 크기의 다이어리에 내 사업 스케줄로 가득 채우고 싶어요.

🙂 그럼 너무 바쁘잖아.

🙂 너무 바쁜 게 아니라, 그냥 할 일이 많은 거죠.
내가 혼자 그냥 '책을 읽기', '청소하기'가 아니라, '어느 브랜드와 몇 시에 어디서 만나 협업하기', '옷감 사러 가기' … 그런 거로 다이어리를 채웠으면 좋겠어요.

중요 - 공부하려는 마음 자세

🙂 중요하게 와닿은 부분은 어디에요?

🙂 "심부재언 시이불견 청이불문 (心不在焉 視而不見 聽而不聞)마음이 없으면 보아도 보이지 않고, 들어도 들리지 않는다."를 보고, '마음이 있어야겠다'라고 생각했습니다.

🙂 맞아, 공부에는 진짜 제대로 된 '마음 자세'가 필요하다.

🙂 '그냥 이를 악물고 끝까지 가자!' 이거죠.

🙂 파이팅!

메시지 - 1등 아닌 성장을 위한 공부

🙂 작가가 말하고자 하는 메시지는 뭘까요?

🙂 '공부할 때 점수나 1등에 집착하지 말고, 그냥 하고 싶은 것

들을 잘 알 수 있는 지식과 지혜, 그런 거를 많이 쌓아라.'

😊 좀 전에 고은이가 말했던 거네.

😊 '행복은 성적순이 아니다! 행복은 자신이 하고 싶은 걸 하는 것이다!'

😊 행복은 자신이 하고 싶은 것을 성취감을 느끼며 하며 사는 거 같아.

😊 그렇죠. 솔직히 대학교 안 가도 아르바이트 같은 거 하면 괜찮지 않나 생각해요.

😊 아르바이트는 보통 엄청나게 고생하면서 돈을 많이 못 버는 거야. 알바는 잠깐 하는 것이지, 오래 하는 건 아니야.

😊 그게 재미있으면 계속하는 거죠.

필사 - 마음이 있어야 한다.

😊 **필사**하고 싶은 구절은 어디인가요?

😊 "심부재언 시이불견 청이불문 (心不在焉 視而不見 聽而不聞) 마음이 없으면 보아도 보이지 않고, 들어도 들리지 않는다."

😊 너의 마음은 어디에 두고 싶니?

😊 내 마음에 내가 하고 싶은 것에 두고 싶습니다.

😊 네, 잘하고 있습니다.

Part 2 마음을 다지는 순간, 공부는 재미있어진다.

낭독 - 할 수 있다. 믿으면 믿는 대로 된다.

🧑 낭독해 주고 싶은 부분은 어디인가요?

👧 71페이지 쇼펜하우어가 말한 "나는 내 의지대로 된다"와 헨리 포드가 말한 "할 수 있다고 믿든, 할 수 없다고 믿든, 믿는 대로 될 것이다."나도 할 수 있다고 믿고 싶어요.
  1등은 일단 솔직히 아닙니다. 그런데 2등이나 3등은 솔직히 노력한다면 될 수도 있을 것 같아요.

🧑 네, 화이팅!

고은이는 공부를 잘 하기 위해서 국어와 수학과 영어를 어떻게 공부할 계획인지도 말했다.

경험 - 내 인생은 단 한 번뿐

🧑 비슷하거나 연관된 경험은 무엇인가요?

👧 73페이지 "내 인생은 단 한 번뿐이고, 나는 세상에서 내 인생을 가장 귀하게 여겨야 할 사람이다."

🧑 너도 그렇게 생각한다는 거야?

👧 네. 솔직히 뭔가 실수를 했을 때는 '다시 태어났으면 좋겠다' 이런 생각이 들어요. 초등학교 6학년 돈에 대한 눈을 뜨게

되었을 때, '내가 한 살 때부터 이런 생각을 했다면, 7살 때 사업을 시작할 수 있지 않았을까?' 이런 생각을 했어요.

🙂 음

🙂 그리고 다이어트를 해야 하니까, '아, 왜 그때 그렇게 먹어서 살이 이렇게 찐 거야.'라고 생각했어요.

🙂 그러면 1년 뒤에 네가 지금의 너한테는 어떤 이야기를 해 주고 싶을 것 같아?

🙂 "그만 좀 먹어!"

🙂 (웃음) 아니, 지금 돈에 눈을 뜬 네가 한 살 때부터 알았으면 했잖아. 근데 지금도 늦지 않았어. 중학생이 된 네가 지금 초등 6학년인 네게 뭐라고 말할 거 같아?

🙂 "그때 공부 좀 해 놓지 그랬어. 그때 네가 공부를 하나도 안 해서 지금 내 머리에 지식이 하나도 없어." 그럴 수도 있겠죠.

재미와 감동 : 열심히 하자!

🙂 이제 **재미, 희로애락**이 느껴졌던 부분은 어디인가요?

🙂 89페이지 "**최선을 다하지도 않으면서 최고가 되려고 하지 마라**"라고 **유재석**이 말했다는 게 재미있었어요.

🙂 유재석이 거기 나와?

🙂 네.

🙂 반갑네.

🙂 그리고 정약용도 있어요.

🙂 **정약용**은 뭐라고 했는데?

🙂 "진실로 마음을 견고하게 세워 한결같이 앞으로 나아간다면 태산이라도 옮길 수 있으리라."
97페이지에 **가수 보아** 이야기가 나와요. 연습생 시절에 너무 열심히 연습해서 온몸이 아픈데 '내가 연습할 때 대체 뭘 잘못한 거지?'라고 되돌아보며 **철저히 연습**했대요. 나도 이렇게 열심히 살아야겠다고 생각했어요.

🙂 김연아 선수도 그랬지.

🙂 무엇을 어떻게 할지는 전적으로 내 마음에 달려 있어요.

감동 - 고통 뒤에 오는 진정한 즐거움

🙂 102페이지 "조금의 고통을 주지 않는 것은 진정한 즐거움도 주지 못한다. 프랑스의 철학자 미셸 몽테뉴"와 "집중하고, 마음을 다하고, 단련하지 않고서는, 어떠한 삶도 결코 탁월해질 수 없다."
103페이지 "한 사람의 어른으로 다시 태어난다." 102페이지부터 나오는 '**아프리카 성인식**' 이야기가 좀 무서웠어요. 열다섯 살이 되면 성인이 되기 위한 미션에 통과해야 한데요. 절벽에서 뛰어내리고, 헤엄치고, 하마보다 더 큰 소들 사이로

점프하고. '어떻게 그렇게 하지?', '나는 못 할 것 같은데', '거기서 살면 살 빠지겠다'라는 생각났어요.

🙂 아프리카 사람들은 다 날씬하잖아.

🙂 먹을 것도 별로 없는데 운동도 열심히 해. 그러면 얼마나 살이 빠지겠어요? 우리는 먹을 것도 많은데, 운동도 열심히 안 하니 살이 찌죠.

🙂 그래서 너는 지금 아프리카 가고 싶어?

🙂 아뇨, 그냥 아프리카 산다면 살이 정말 빠졌겠다 생각했죠.

중요 - 배움의 목표

🙂 어떤 것이 중요하게 느껴졌어요?

🙂 109페이지 "지금부터라도 '점수'에서 '마음'으로 공부에 초점을 바꾸어 보세요."라고 "모든 배움의 목표는 '세상을 살아갈 힘'을 얻는 것"이라고 하는 것이요.
'원의 공식 같은 걸 어디에 써먹어?' 같이 저는 항상 수학을 왜 공부하는지 궁금했어요. 그런데 여기서 살아가려면 필요하대요. 여기서 플라톤도 그렇게 말했대요.

🙂 플라톤이 뭐라고 말했어요?

🙂 "수학 모르는 놈들 여기 들어올 생각도 말아라."(p.116)

🙂 공부하면 좋은 점이 많대요. 기억력이나 통찰력, 그런 걸 키워 간대요. 그래서 '열심히 공부해야겠다.' 생각했고, 이 책

에 그림 나올 때마다 '나도 그림 그려 팔고 싶다' 생각했어요.

🙂 내용도 재미있지만, 그림들이 정말 예뻐.

메시지 - 공부해라.

🙂 작가가 말하고자 하는 **메시지**는 무엇인 거 같아요?

🙋 공부해라. 짧고 간결하게 '공부해라!'

🙂 '공부를 재미있게 해라. 최선을 다해서 열심히 하면 재미있어진다.'

🙋 '마음을 다잡고, 공부가 쉬워질 때까지 열심히 해라.'

필사 - 피하지 마라.

🙂 어떤 부분을 **필사**하고 싶나요?

🙋 "요리조리 피해서 도망 다니는 건 영리한 행동이 아니라 '멍청한 짓'이에요."

🙂 왜?

🙋 수학이나 공부가 하기 싫다고 요리조리 피해 다니는 건 멍청한 짓이라고요. 쉽게 되는 건 없다고, 가슴이 찢어지는 고통을 느껴야 성장하고 발전할 수 있다고요.

소감과 적용 - 포기하지 말고 열심히!

🧑 더 말하고 싶은 거 있어.

🧑 이 부분이 와닿았어요. 131페이지 "도깨비방망이나 요술램프는 현실에 없다." 생각해 보니 드라마와 현실은 상당히 달라요.

고은이는 드라마 스토리와 현실이 어떻게 다른지와 고은이가 원하는 이상적인 남자친구는 어떤 것인지 말했다.

🧑 '공부도 어렵고 사랑도 어렵다. 다 어렵다. 공부는 쉽게 되는 게 아니다. 그러니까 나도 맨날 포기했었다. 이제 포기하지 말고 열심히 해라. 나도 하고 싶은 거 버킷리스트 써서 열심히 하자. 돈도 많이 벌자. 여행도 많이 다니자.' 끝.

고은이의 7 키워드 하다 보니, 벌써 한 시간이 지났다. 원래 하브루타는 서너 시간도 하는 것이지만, 고은이는 한 시간을 넘기면 힘들어해서 나는 중요하게 생각됐던 부분만 간결하게 말했다.

중요 - 공부의 본질은 성장

🧑 나는 이 책을 보면서 프롤로그가 딱 와닿았어.
"마음을 다지고 키우고 붙잡아 두는 것. 어쩌면 공부하는 일이란 이 세 가지가 전부일 수도 있습니다."

40페이지 "공부의 본질은 경쟁이 아니라 성장이다."

중요 - 한 번뿐인 내 인생

🧒 Part 2에서는 71페이지 "한 번뿐인 내 인생"

아담과 하와부터 지금까지 수많은 사람이 있었지만, 똑같은 사람은 없거든. 하나님은 각 사람을 세상에 보낼 때, 이 세상에 선한 일을 할 수 있도록 선물을 주셨대. 그것을 제대로 안 하고 죽으면 안 된대. '하나님이 나한테 주신 것을 열심히 잘 해야겠다'라는 마음이 들었어. 한번 뿐인 내 인생을 내가 귀하게 여기면서 살아야 할 것 같아.

고은이는 한 번뿐인 자신의 인생을 잘 살기 위해 중학교에 가서 어떻게 할지, 돈은 어떻게 관리할지, 친구는 어떻게 사귈지 이야기했나. 하브루타를 하면 아이의 일상이나 고민에 관해서도 자연스럽게 알게 된다. 굳이 엄마가 모든 것을 해결해 주지 않고 같이 이야기만 하여도, 아이는 스스로 생각을 정리하고, 다시 시도할 힘을 얻는다.

중요 - 공부의 본질

🧒 76페이지 "공부의 본질은 '점수 몇 점', '등수 몇 등'이 아니에요. 그것보다는 일찍이 이 세상을 거쳐 간 무수한 사람

들이 몸으로 부딪히고, 느끼고, 깨달아 겨우겨우 알아낸 지식과 지혜를 마침내 '내가 갖게 되는 것'이 바로 공부의 본질입니다." 이 부분이 감동되었어. 그동안 공부하는 게 힘들다고 생각했는데, '그것을 연구해 낸 사람들이 정말 고생했겠다.', '나는 이렇게 가만히 앉아서 배울 수 있다니 감사하다'라는 생각이 들었어. 해부학 공부하면서 승모근이 어떻게 하면서 근육들 이름도 외우기 힘들었는데,

🙂 그것을 연구해 낸 사람들은 얼마나 고생했겠어요.

🙂 76페이지 "우리 몸의 구조를 속속들이 알기까지는 전염병에 옮을 위험을 무릅쓰고 맨손으로 시체를 더듬어가며 해부하기를 마다하지 않던 수많은 사람이 있었고."가 감동이 되었어요. 한국사도 그렇고.

🙂 저도 그렇게 생각했어요. 5·18에서도 얼마나 많은 사람이 다치고, 고통받았는데, '많은 사람이 다쳤습니다' 하고 끝이잖아요. 이순신 장군도 12대첩, 학익진 말하지만, 전투는 얼마나 치열했겠어요.

🙂 76페이지 "한국사 교과서 한 줄에는 휘몰아치듯 쏟아지는 수천 발의 화살에도 아슬아슬하게 살아남아 끝내 전쟁을 승리로 이끈 장군과 병사들의 치열한 삶이 담겨 있습니다. 그들의 인생이 담긴 내용을 나는 짧은 시간인 5분, 10분이면 단박에 공부할 수 있습니다. 그들이 평생을 바친 뒤에야 비로소 얻게 된 깨달음을, 나는 너무도 쉽게 얻어요." '안시성

에 대해서도 국사책에서 한 문장 봤는데, 이번에 영화로 나왔잖아. 그 치열했을 거 같은 장면들이.

🙎 왕이 이상한 왕이면 신하들이 몰아낼 수 있지도 않나 생각했어요. 꼭 따라야 하나? 왕이 되어서 그렇게 자기 마음대로 살면 후세들이 얼마나 거지 같이 살게 될지 생각 안 해 봤나?

🙎‍♂️ 자기 욕심만 생각했나 보지.

하브루타 소감 나눔

🙎‍♂️ 하브루타 하면서 느낀 전체적인 소감을 말해 보세요.

🙎 공부에 관해 잘 알게 되었습니다.

🙎 어떤 것을 알게 되었어요? 하나만 말해 보세요.

🙎 공부를 열심히 해서 돈을 벌자. 내가 그렇게 쉽게 외우며 공부하는 한줄 한줄이 다른 사람들이 피땀 흘려 이뤄낸 것이니 열심히 공부하자는 생각이 들었습니다.

🙎‍♂️ 저도 그렇게 생각했어요. 특히 한국사 한 줄에 담긴 의미와 수학 공식을 만든 사람들의 사색이 귀하게 여겨졌습니다.

열심히 공부해서 이 땅에 선한 영향력이 되는 사람이 되게 해 달라고 하나님께 기도하고 하브루타를 마쳤다.

《이토록 공부가 재미있어지는 순간》으로 하브루타 2

Part 3 마음을 키우는 순간, 공부는 재미있어진다.
Part 2 마음을 붙잡는 순간, 공부는 재미있어진다.

 Part 1과 Part 2는 고은이가 초6에서 중학생이 되기 직전인 2월에 했고, Part 3과 Part 4는 고은이가 중2 때 얼마 전에 했다. 공부에 관해 동기부여를 확실하게 해 주는 책이기에 한 번에 하브루타를 다하는 것 보다 잊을만하면 하는 것도 좋다. 고은이가 중학교 올라가기 직전에 이 책을 읽고, 공부를 열심히 하자는 마음을 먹었다. 일 년 반 만에 다시 하브루타를 하며 그동안 해이해진 마음을 다잡을 수 있었다.

 <u>7 키워드</u>(낭독, 재미, 경험, 궁금, 중요, 메시지, 필사) 순서대로 서로의 생각을 말하며 하브루타 했다.

 🙂 하나님 아버지, 감사합니다. 《이토록 공부가 재미있어지는 순간》 하브루타를 하려고 합니다. 지혜를 주셔서 잘 깨닫고 말하고 생각하고 말씀대로 살게 해 주세요. 예수님 이름으로 기도합니다. 아멘

 기도하고 시작하고, Part 1과 Part 2를 한 지 오래되어 기억도 되살릴 겸 작가에 관한 이야기로 도입을 시작했다.

작가에 관한 이야기

👧 작가는 어떤 사람이죠?

👧 공부를 재밌어하는 사람

👧 작가 소개 봐봐. 제일 앞에 나와 있어.

👧 서울대 법대·연세대 경영대·동신대 한의대 동시 합격자.

👧 대단한데!

👧 어떻게 동시에 학교를 다 다닐 수가 있지요?

👧 합격은 다 했는데 어디로 갔는지는 모르겠네. 박성혁 작가님, 이분은 세 군데를 동시에 합격하셨군. 어렸을 때부터 공부를 잘했나요?

👧 아니요.

👧 근데 어떻게 공부하게 되었지요? 전라남도 깡촌 시골 마을에서 열심히 놀고 지내다가 의미 있는 인생을 살고 싶다는 생각이 들어서 아빠한테 책을 사달라고 그랬지.
열심히 공부해서 지금은 뭐하고 계시는 분이지?

👧 작가겠죠.

👧 법대 나왔으면 변호사?

👧 왜 그런 생각을 하시는 거죠? 한의대도 있는데.

👧 경영대도 있으니 사업가가 될 수도 있고.
지금은 뭐하시는지 궁금하네.

박성혁 작가를 인터넷 검색해 보니 작가로만 소개되어 있어 지금은 어떤 일을 하시는지 알 수 없었다.

낭독 - 내가 가진 것을 부러워하는 사람도 있다.

🧑 낭독하고 싶은 부분 있나요?

👧 288페이지 "내가 다른 사람이 가진 것을 부러워하는 순간 내가 가진 것을 절실히 부러워하는 또 다른 사람이 있음을 기억하라."

🧑 누가 말했어?

👧 '푸블릴리우스 시루스', 고대 로마의 시인이 말했어요.

🧑 좋은 말이네. 왜 이 말을 낭독해 주고 싶었어?

👧 내가 어떤 사람을 부럽다 하더라도 다른 사람도 내가 가진 것을 부러워할 수 있다는 거.

🧑 고은이는 그런 적 있어?

👧 몰라요.

🧑 엄마는 그런 적 있는 거 같아.

👧 누구 있었어요?

🧑 엄마가 보기엔 '한나 작은 엄마'가 정말 완벽해. 정말 착하잖아. 기도도 열심히 하고. 요리도 잘하고. 그래서 내가 "동

서, 너무 멋있어. 부러워"라고 하니까, 작은 엄마는 성경 말씀을 잘 알고 가르치는 엄마가 부럽대. 서로를 부러워했어. 재밌지 않아?

🧒 재밌네요. (고은이의 무미건조한 대답이 더 재미있었다.)

낭독 - 지나간 일은 모두 잘된 일이다.

🧒 어머니는 무엇을 낭독하시고 싶나요?

👩 261페이지 "나는 하나님이 주신 세 가지 은혜 덕분에 크게 성공할 수 있었다. 첫째, 집이 몹시 가난해 어릴 적부터 구두닦기, 신문팔이 같은 고생을 했는데 이를 통해 세상을 살아가는 데 필요한 많은 경험을 쌓을 수 있었고, 둘째, 태어날 때부터 몸이 몹시 약해 항상 운동에 힘써왔기 때문에 건강을 유지할 수 있었으며, 셋째, 나는 초등학교도 못 다녔기 때문에 모든 사람을 다 나의 스승으로 여기고 누구에게나 물어가며 배우는 일에 게을리하지 않았다. - 마쓰시타 고노스케, 일본의 대표적인 기업인" 멋있지 않아?

🧒 네

👩 자신의 힘들고 부족했던 것을 이렇게 다 멋지게 승화시킨 것이 멋있어요. 불평할 게 아니라는 생각이 들었어요.

감동 - 엄마의 사랑

🙂 **재미**있었거나 **감동**적인 부분은 어디인가요?

👧 340페이지, 대구 지하철 사건 이야기요. 가방이랑 신발 새로 안 사 주는 엄마에게 짜증 냈는데, 엄마의 문자가 남겨져 있었데요. '왜 이렇게 전화를 안 받니. 엄마 지금 니 가방이랑 신발 사서 들어가고 있어. 지금 막 지하철 탔다~.', '미안. 가방하고 신발 못 전해줄 것 같다. 돈가스도 해 주려고 그랬는데…. 미안. 내 딸아…. 사랑한다! 내 딸…'

🙂 맞아. 엄마도 그 부분 읽다가 너무 슬퍼서 울었어.

👧 난 슬펐는데 울지는 않았어요.

🙂 언제 헤어질지 모르니까 항상 잘 해야 하겠다. 그치?

👧 네

🙂 고은이는 그거 읽으면서 어떤 생각 들었어?

👧 이 고등학생 딸은 정말 죄책감을 많이 느낄 것 같아요. '내가 그걸 사달라고만 안 했어도 안 죽었을 텐데' 이런 생각을 하면서 많이 슬플 거 같아요.

　음, (목소리가 갑자기 커지면서) 그리고 '나는 저렇게 안 하는데. 역시 나는 착한 딸이었어'라고 생각했어요. 나는 신발도 터지기 전까지 사달라고 안 하고, 가방도 다 뚫리기 전까지 사달라고 안 하고. 사용을 못 할 때가 됐을 때 사달라고 하고, 그것도 싼 거로 사달라고 하잖아요.

🙂 맞아, 맞아. 우리 고은이.

🧒 내가 엄마 아빠 돈 안 들게 하려고, 얼마나 노력하는지 아십니까?

👩 응, 우리 딸은 진짜 멋있는 딸이야. 잘했어!

감동 - 역경을 뚫고 공부한 사람들

🧒 엄마는 어떤 것이 재미있거나 감동적이었나요?

👩 291페이지부터 어려움이 있어 공부를 못했던 사람들 이야기 나오잖아. 그 사람이 이야기를 읽을 때는 너무 불쌍해서 읽기가 힘들었거든. 그런데 313페이지를 보니 10살 때부터 가족을 위해 돈을 벌어야 했던 '**잭 런던**'은 마침내 대학에 갔고, 베스트셀러 작가가 되었대. 이 사람을 통해서 의무교육과 무상 교육이 탄생하게 됐다는 게 감동이었어.

🧒 그게 뭐예요?

👩 지금 중학교 학비를 안 내고 다니잖아. '잭 런던'(1876~1916년)이 힘든 청소년들에 관한 책을 많이 써서 사람들이 아이들을 돌봐야 한다는 생각을 가지게 했대.

또, '**쇼피 제르맹**'(1776~1831년)도 남자만 공부할 수 있었던 시대에 너무 공부하고 싶었는데, 끝내 남자 수학자들을 압도하는 독보적인 1인자가 됐다는 거. 그래서 '소피 제르맹 거리'가 생기고, '소피 제르맹 고등학교'가 생겼대.

그리고 '**프레더릭 더글러스**'(1818~1895년)도 노예로 태어나 공부할 수 없었는데, 탈출하여 노예 해방에 관한 책을 쓰고, 링컨을 지지하여 노예 해방에 도움을 주었대.

또 '이우근'을 비롯한 그 학도병들에게는 정말 감사해. 그들이 중고등학교에서 공부하고 싶었는데 공부도 못하고, 전쟁터서 죽어야 했던 것이 너무 마음이 아파. 그분들 덕분에 우리가 이렇게 자유롭게 공부할 수 있게 됐다는 게 참 감사하고 감동이 됐어.

경험 - 그림값이 비싼 이유

책과 관련된 경험이 있나요?

245페이지에 보면 어떤 부인이 피카소를 카페에서 보고, 자기 초상화를 그려달라고 했대요. 피카소가 10분 만에 그려줬는데 1만 달러를 달라고 했어요. 그 부인이 너무 비싸다고 했을 때, 피카소가 대답했어요. "내가 이렇게 그리기까지 40년이 걸렸습니다." 그동안 저는 그림값이 비싸다고 생각했는데, '그만큼 그 사람의 노력이 담아있는 거니까 그렇게 비쌌구나'라는 생각을 하게 됐습니다.

이 이야기와 연관해서 화가와 그림값에 관한 이야기를 더 깊이 나누었다.

경험 - 염려 방석 던지기

🙍 엄마는 책과 관련된 **경험**이 있나요?

🙍 182페이지를 보면 그 스트레스를 받을 때 스트레스 풍선을 생각하래. 스트레스 풍선을 5초간 품 안에 가지고 있다가 터뜨리는 것을 상상하래.

　엄마는 걱정이 생기면 상상의 염려 방석을 하나님께 던졌어. 엄마는 걱정이 너무 많았거든. 대학교 때 어떤 책에서 염려를 상상 속 방석에 담아 하나님께 던지라는 거야. 하나님이 받아서 처리한다고. 그다음부터 걱정될 때마다 하나님께 던졌어. 그러니까 너무 좋았어.

🙍 스트레스받을 때는?

🙍 화가 날 땐 상상 속 스트레스 풍선을 터트리고, 걱정될 때는 상상 속 염려 방석을 하나님께 드리면 되겠네.

궁금 - 공부에서 경쟁의 의미

🙍 궁금한 거 하나 있어. 149 페이지 "공부라는 '경쟁'에서 이기는 방법이 따로 있습니다. 그것은 바로 다른 이들과의 경쟁을 그만두는 겁니다." 이 말에 동의하니?

🙍 '자동차 사고가 나고 싶지 않으면, 자동차를 타지 마라.' 이런 느낌이에요.

🙍 고은이는 다른 아이들과 경쟁심을 갖고 공부하는 것이 좋다고 생각해?

🙂 어느 정도는 경쟁심이 있는 게 낫지 않을까요? 다른 아이만 바라보면서 경쟁심을 갖는다는 게 아니라, 나의 목표를 가지고 있으면서도 다른 친구들이 하는 것도 보는 게 좋을 거 같아요. 예전의 나와만 비교한다고, 만약 20점이었던 내가 21점이 되었다고 잘했다고 할 수는 없잖아요. 나의 점수를 올리는 것에 목표를 두기는 하지만, 다른 친구를 경쟁자로 두는 것도 괜찮다고 생각해요.

🙂 나도 그렇게 생각해. 그런데 이 작가가 걱정하는 것은 내가 지금 50점인데, 55점인 친구보다 잘했다고 만족할 수 있다는 거지.

🙂 일단 기본적으로 내 점수를 높이는 것을 목표로 하지만, 딴 애가 공부하는 것도 보고 '나도 저 아이보다 잘 하고 싶어'라고 생각할 수는 있죠.

🙂 나도 그렇게 생각해. 동의해. 둘 다 중요하다고 생각해.

중요 - 결정적 순간 힘이 되는 루틴

🙂 어떤 것이 중요하게 다가왔나요?

🙂 234페이지부터 나오는데 결정적인 순간 나에게 힘을 주는 루틴으로 '스케줄러'랑 '타임 시트'랑 '스톱워치', 이거 꼭 해 보고 싶어요.

🙂 응. 나도 루틴이 정말 중요하다고 생각했어. 엄마가 아침에

일찍 일어나는 게 힘든데, 아침에 일찍 일어나게 된 계기가 6시 30분 중국어 수업이었어. 선생님이 기다리시니깐 일어나는 거야. 선생님이 나 때문에 일어나시는데, 내가 안 일어나면 미안하잖아. 그래서 수업을 루틴으로 넣어놓는 게 참 중요하다는 생각이 들었어.

중요 - 습관의 중요성

🙂 또 중요하게 다가오는 것이 습관이에요.
194페이지부터 나오는데,
"습관 1. 수직으로 꼿꼿하게 앉는다.
 습관 2. 한 번에 한 가지 일에만 몰입한다.
 습관 3. 겉모양이 아닌 알맹이에 집중한다.
 습관 4. '귀빈석'은 뺏어서라도 차지한다.
 습관 5. 좀처럼 감기에 걸리지 않는다.
 습관 6. 쉬는 시간을 통해 에너지를 충전하다.
 습관 7. 정신상태를 정리정돈으로 증명한다."

🙂 "정신상태를 정리정돈으로 증명한다."라는 말이 와닿았어.

🙂 빨리 청소를 해야겠군요.

🙂 엄마의 정신상태가 안 좋아.

🙂 네, 안 좋습니다. 저도.

습관 하나하나 어떻게 적용할지와 적용했던 경험에 관해 이야기 나누었다.

중요 - 시간의 주인이 되어라.

🙂 엄마는 어떤 것이 중요하게 생각되었나요?

🙂 227페이지 "내 인생은 오직 내가 시간을 어떻게 썼느냐에 따라 결정됩니다."와 "쪼개놓으면 별것 아닌 것처럼 보이는 짧은 순간의 선택들이 모여 결국에는 나와 내 인생을 만듭니다." 이 부분들이 와닿았어.

229페이지 "세월의 흐름에 내 몸을 맡기면 나는 시간의 '노예'가 됩니다. 내가 시간을 철저하게 통제할 힘을 길러놓아야 내 시간에 '주인'이 될 수 있어요."를 보니, 나는 시간의 노예 같아.

229페이지 나중에 내 인생을 돌아봤을 때, "'내 인생은 빛나는 순간의 연속이었어!'라고 스스로 대견할 수 있도록 순간 순간을 카이로스로 채워주세요." 스스로 대견한 사람이 되고 싶어.

메시지 - 공부를 즐겨라.

🙂 작가의 메시지는 뭘까요?

🙂 '공부를 즐겨라' 이런 느낌인 거 같아요.

🙂 엄마는 '공부할 수 있는 것은 특권이다'라는 거 같아.

🙂 그것도 맞는 거 같아요. '네가 그렇게 하기 싫다는 공부를 어떤 사람은 못해서 목숨 걸고 하는데, 너는 그렇게 맨날 잠

만 자고 놀고 있냐?'

필사 - 불평 말고 내가 먼저 실천

🧑 **필사**하고 싶은 부분은 어디에요?

👩 249페이지 "어둡다고 투덜대지만 말고, 어서 작은 촛불 하나부터 밝혀라. 공자"

🧑 왜 필사하고 싶어요?

👩 불평하지 말고, 빨리 내가 할 수 있는 일부터 해야겠다는 생각을 했어요.

필사 - 좋은 습관 만들기

👩 또, 194페이지 "나는 습관을 만들지만, 습관은 나를 만든다.-존 드라이든, 영국의 시인"

🧑 나도 너무 와닿아. 194페이지에 또 나오지.
"자라나는 손톱이 먼저 있던 손톱을 밀어내는 것처럼, 나중에 만든 좋은 버릇으로 오래된 나쁜 습관을 밀어낼 수 있다.- 에라스뮈스"

🧑 엄마는 225페이지 "습관이란 나무와도 같다네. 오랜 습관은 깊이 뿌리를 내려 그것을 바꾸기가 어렵지. 흔들리지 않는 인생은 좋은 습관으로 만들어지는 법일세." 필사하고 싶어.
고은이는 어떤 습관을 만들고 싶어?

만들고 싶은 좋은 습관들에 관해 이야기하고, 전체 소감과 실천할 것을 말하고, 기도하고 끝냈다.

전체 소감과 실천

🧑 오늘 하브루타 소감과 실천할 것을 말해 보세요.

👩 '좋은 습관을 지녀야 성공할 수 있겠구나'라는 생각을 했습니다. 그래서 '스터디 플랜 작성하기'를 꼭 하고 싶네요.

🧑 엄마도 습관. 나는 청소 습관, 화내거나 짜증 내지 않는 습관을 만들 거예요.

《이토록 공부가 재미있어지는 순간》으로 하브루타 워크시트

제목	이토록 공부가 재미있어지는 순간	작성자	
지은이	박성혁	작성일	

낭독 : 읽어 주고 싶은 부분은 어딘가요? 그 이유는 무엇인가요?
경험 : 비슷하거나 연관된 경험이 있었던 부분이 있나요?
재미 : 희노애락의 감정이 느껴졌던 부분은 어딘가요?
궁금 : 어떤 것이 궁금한가요? (사실적, 사색적, 평가적, 해석적)
중요 : 어떤 것이 중요하게 느껴지나요? 그 이유는 무엇인가요?
메시지 : 작가가 말하고자 하는 메시지는 무엇일까요?
필사 : 적어 두고 다시 보고 싶은 구절은 어디인가요? 그 이유는?

하브루타 전체 소감 :

(A4로 사용했던 워크시트를 축소 편집한 워크시트)

- 2 -
공부를 잘 하려면?

《공부가 좋아지는 허쌤의 공책레시피》

《공부가 좋아지는 허쌤의 공책레시피》, 허승환, 테크빌교육

《공부가 좋아지는 허쌤의 공책레시피》는 초등학교 교사인 허승환 작가가 딸 예은이를 홈스쿨 하는 과정에서 쓴 책이다. 그는 **"교육이란 아이들에게 가르치는 게 아니라, 아이들 속에 의미 있는 것을 '끄집어내는 것'"**이라고 말하며, 뇌 기반학습으로 즐겁게 공부하도록 지도해야 한다고 말한다.

그는 무엇보다 **공부의 목적을 아는 것이 중요**하다고 말한다. 어디로 가는지 모르고 무작정 버스를 탈 수 없듯이, 공부의 목적도 모르고 진도만 빼는 공부는 아이들의 진을 뺀다. 어쩔 수 없이 하는 공부에는 두뇌에서 창의력을 담당하는 세타파가 반응하지 않기 때문이다. 꿈을 이루기 위한 분명한 목표가 있거나 새로운 것을 아는 즐거움을 느낄 때, 공부는 즐겁다.

딸 고은이가 초6일 때, 적는 것과 그림 그리기를 좋아하는 것을 보고, 노트필기를 가르쳐 주고 싶었다. 그때 이 책을 알게 되어, 함께 읽고 하브루타 했다. 노트필기를 잘 하기 위해 읽었는데, 노트필기뿐 아니라 공부를 왜 해야 하는지, 어떻게 하면 공부를 잘 하는지 잘 정리되어 있었다. 고은이는 이 책을 읽고 하브루타 한 후, 노트 정리를 더 잘 하고 즐기는 아이가 되었다.

안타깝게도 하브루타 한 것을 녹음하지 않아, 무슨 말을 서로 나눴었는지는 알 수 없다. 하브루타를 되새김질하기 위해 녹음하는 것이 중요하다는 것을 다시 한번 느꼈다. 감사하게도 고은이가 그린 마인드맵은 남아있어 책이 어떤 내용인지는 바로 알 수 있었다. 정말 '코넬 공책'이나 '마인드맵'으로 배운 내용을 잘 정리하면, 뇌에서 자료가 정리되고, 후에 보아도 금방 복습할 수 있다.

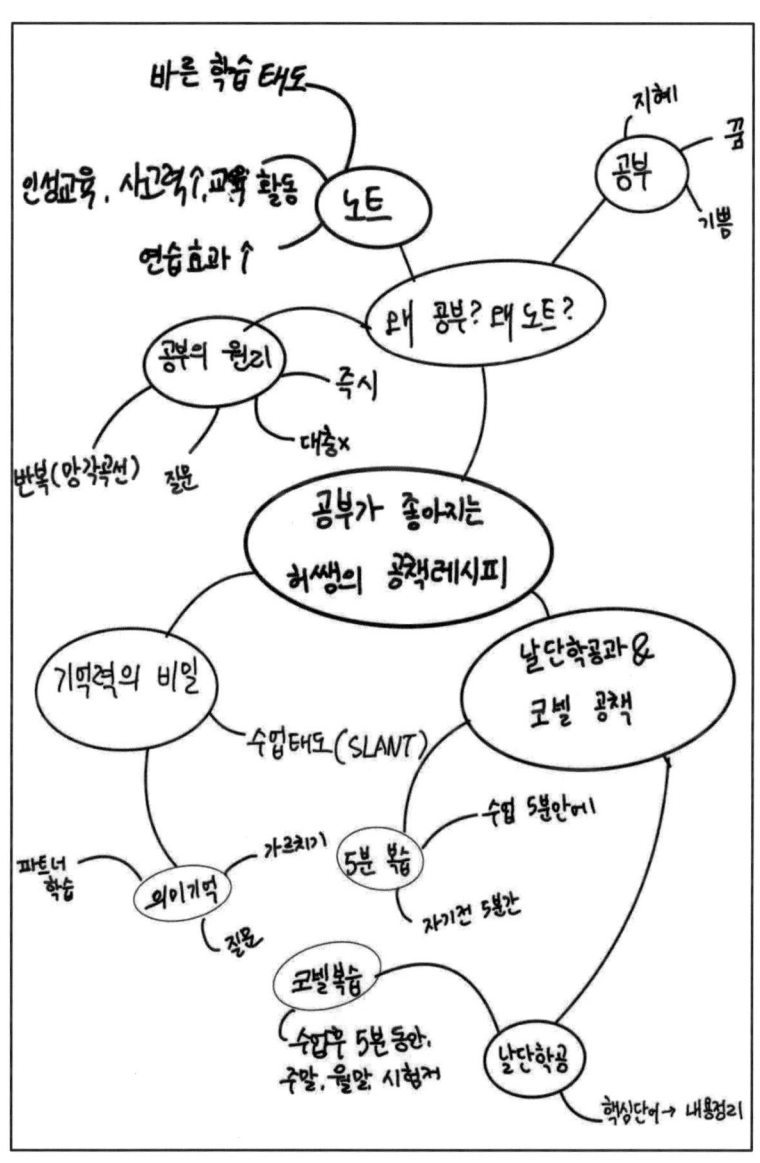

《공부가 좋아지는 허쌤의 공책레시피》 고은이의 마인드맵

《공부가 좋아지는 허쌤의 공책레시피》로 하브루타 워크시트

제목	공부가 좋아지는 허쌤의 공책레시피	작성자	
지은이	허승환	작성일	

《공부가 좋아지는 허쌤의 공책레시피》를 마인드맵을 정리해 보세요.

자신에게 중요하게 와닿는 구절을 적어보세요.

어떤 면이 중요하게 느껴지나요?

(A4로 사용했던 워크시트를 축소 편집한 워크시트)

4장

좋은 습관을 만들어 가는 아이

📖 4장 좋은 습관을 만들어 가는 아이

"Sow a thought, reap an action; sow an action, reap a habit; sow a habit, reap a character; sow a character, reap a destiny. (우리가 생각의 씨앗을 뿌리면 행동의 열매를 얻게 되고, 행동의 씨앗을 뿌리면 습관의 열매를 얻는다. 습관의 씨앗은 성품을 얻게 하고, 성품은 우리의 운명을 결정짓는다)"   - Stephen Covey(스티븐 코비)

양치를 제대로 하지 못한 습관은 치과에 가는 끔찍한 고통을 당하게 하고, 간식을 자주 먹는 습관은 예전의 예쁜 옷을 못 입게 하고, 늦잠 자는 습관은 아침에 일어나는 것을 피곤하게 한다. 나쁜 생활습관들은 우리의 삶의 질을 떨어뜨린다.

물론 좋은 습관들도 있다. 매일 영어 낭독 습관, 영어 성경 읽기 습관은 영어를 더 잘 말하고, 들리게 한다. 빠지지 않고 운동하는 습관은 활력 있고, 건강한 삶을 살게 한다. 매주 아이와 하는 하브루타 하는 습관은 아이가 책을 읽게 하고, 아이와 많은 이야기를 나누게 하고, 우리의 문해력과 사고력과 이해력과 창의력과 문제 해결력 등등을 길러 준다.

좋은 습관은 더 행복하고 건강하고 풍성한 삶을 살도록 돕는다. 하지만 나쁜 습관은 더 불행하고 아프고 허무한 삶을 살도록 한다. 어제의 나의 작은 습관들이 모여 오늘의 나의 모습이 되었고, 오늘의 나의 작은 습관들이 모여 또 내일의 나의 삶이 될 것이다.

《이토록 공부가 재미있어지는 순간》에서 박성혁 작가도 습관의 중요성을 말했다. 그는 학생들이 공부 하고 싶다는 마음이 있어도, 좋은 공부 습관이 없으면 공부를 지속할 수 없다고 한다. 마음먹은 대로 공부하기 위해서는 바르게 앉는 습관, 몰입하는 습관, 교실 앞자리에 앉는 습관, 복습하는 습관, 건강을 지키는 습관, 정리정돈 습관 등이 갖추어져야 한다.

"만약 여러분의 습관들이 여러분의 꿈과 일치하지 못한다면, 여러분은 습관을 바꾸어야 하든지 꿈을 바꾸어야 합니다"라고 말한 존 맥스웰(John Maxwell)의 말처럼 공부뿐만 아니라, 꿈과 목표를 이루기 위해서는 그것을 지속할 수 있는 좋은 습관이 있어야 한다. 좋은 습관은 지속하고, 나쁜 습관은 그것을 몰아낼 더 좋은 습관을 만들자. 내가 좋은 습관을 만들어 가면, 좋은 습관은 더욱 멋진 미래의 나를 만들어 줄 것이다.

자녀들이 좋은 공부 습관, 생활습관을 가지기를 바란다면, 부모가 먼저 좋은 습관들을 가져야 한다. 너무나 슬프게도 자녀들은 부모의 말보다 행동을 더 빨리 보고 배운다.

아이와 함께 좋은 습관을 개발하기 위해 《보도 섀퍼의 이기는 습관》을, 특히 청소 습관을 기르기 위해 《어린이를 위한 정리정돈》을 같이 읽고 하브루타 했다. 《어린이를 위한 정리정돈》은 고은이가 초6 때 했고, 《보도 섀퍼의 이기는 습관》은 중2 때 했다. 아이의 나이나 독서 수준이나 취향에 맞는 비슷한 책들로 하브루타 해도 좋다. 아이와 함께 책을 골라도 좋다. 중학생 이상 청소년이 '청소'에 관한 책을 하브루타 한다면, 마쓰다 미쓰히로의 《행복한 자장을 만드는 힘 청소력》이 더 좋을 거 같다.

'생각이 행동을, 행동이 습관을, 습관이 성품을, 성품이 운명을 바꾼다'라는 말처럼 좋은 책이 좋은 생각 씨앗을 심어주어 우리의 미래가 더 행복하고 풍성하길 기대한다.

- 1 -
좋은 습관을 만들고 싶다면?
《보도 섀퍼의 이기는 습관》

《보도 섀퍼의 이기는 습관》, 보도 섀퍼, 토네이도

《보도 섀퍼의 이기는 습관》의 저자 보도 섀퍼는 독일 출신의 세계적인 동기부여 전문가이자 경영 컨설턴트이다. 그의 대표작들인 《12살에 부자가 된 키라》, 《돈》, 《멘탈의 연금술》은 많은 사람이 '경제적 자유'를 누리고, '멘탈(마음)'을 잘 관리하여 행복하고 성공적인 삶을 누리도록 했다.

《보도 섀퍼의 이기는 습관》은 자신의 내면의 소리를 들으며 불가능을 뛰어넘어 탁월한 성공을 이룬 200명 이상의 사람들의 지혜와 비결을 들려준다. 보도 섀퍼는 그들을 '승리한 사람들'이라는 의미로 '위너(Winner)'라고 부른다. 그는 남다른 성공을 거둔 '위너'들과 남다른 성공을 꿈꾸며 '위너'가 될 청년들 사이를 연결하기 위해 이 책을 썼다고 한다. 이 책에는 최악의 조건까지 이겨낸 '위너'들의 다음 30가지 성공 습관이 기록되어있다.

"결정을 내려라. 배우고 성장하라. 시간과 함께 뛰어라. 폭을 좁혀 깊게 파라. 업적을 쌓아가라. 저스트 두 잇(Just do it!). 스트레스를 내 편으로 만들어라. 어려움을 돌파하라. 뛰어난 '처음'을 만들어라. 태도가 8할이다. 신의 테스트를 통과하라. 이유를 찾아라. 세 개의 그룹을 받아들여라. 10% 더하라. '그럼에도 불구하고' 살아가라. 오래된 습관을 떠나라. 터닝 포인트 구간에 있어라. 상대가 원하는 것을 주어라. 핑계에 걸려 넘어지지 마라. 마지막 날까지 하이퍼포머가 되어라. 소중한 것을 먼저 하라. 책임을 다해 자유를 얻어라. 감사하라. 나만의 재능으로 살아가라. 내어주고, 용서하라. 돈, 차갑고 현명하게 다루어라. 자신에게 시간을 선물하라. 롤모델을 찾아내라. 불만은 훌륭한 연료다. 독수리가 되어라."

하나씩 익혀서 스스로가 대견한 위너가 되고 싶다.

《보도 섀퍼의 이기는 습관》으로 하브루타

《보도 섀퍼의 이기는 습관》의 습관 30개를 열 개씩, 다섯 개씩, 상황에 따라 일주일에 한 번씩 여러 번 나누어서 하브루타를 했다. 책을 읽을 때 미리 각 습관에서 필사하고 싶은 것을 적고(본), 깨달은 것(깨)과 적용할 것(적)을 말하는 **본깨적 하브루타**를 했다. 하루 하나씩 30일 습관을 잡아 실천해도 좋을 거 같다. 여기에서는 첫 주 하브루타 내용만 실었다.

고3인 둘째 아들 태은이도 책을 읽지는 못했지만, 하브루타에 참여했다. 이야기가 있는 문학책이 아닌 자기 계발서라면 책을 읽지 않고 참여는 가능하다. 들으면서 깨달을 수 있기 때문이다. 책을 읽지 못했지만 참여하여 깨닫고 적용하는 것을 들깨적(들으면서 깨닫고 적용하기)이라고 부른다. 물론 책을 읽고 독서토론에 참여하는 것이 훨씬 깨닫는 것이나 배울 것이 많다.

🙂 하나님 아버지, 오늘 태은이와 고은이와 하브루타를 하려고 합니다. 우리 가운데 함께해 주셔서, 하나님 기뻐하시는 하브루타를 하게 해 주세요. 우리가 이기는 습관 가지고 이 땅에서 하나님의 선한 영향력을 나타내는 삶을 살 수 있도록 주께서 함께해 주세요. 예수님 이름으로 기도합니다. 아멘.

<u>기도</u>하고 먼저 간단히 **작가**에 대해 알아보았다. 작가 소개는 보통 책 앞부분을 참고하고, 때로는 자료를 찾아 준비하기도 한다. 아이에게 작가나 책에 대한 자료를 찾아 발표하게 하고, 하브루타 자체를 인도하게 하는 것도 좋은 방법이다.

작가를 살펴본 후, 첫 번째 습관부터 하브루타를 했다. 각 습관을 시작할 때 먼저 같이 소리 내 읽고 시작했다.

<u>**첫 번째 습관 - 결정을 내려라.**</u>

결정을 내리기 위해 포기해야 할 것들

🧑 첫 번째 습관

🧑👧 결정을 내려라.

🧑 "결정을 내려라"에서 고은이는 어떤 부분이 좋았어요?

👧 "멈추지 말고 계속 앞으로 나아가렴."(p11)
"결정은 무엇인가를 떠나는 행위를 뜻한다."(p.14)
"중요한 결정에 필요한 것은 … 이별하는 용기이다."(p.15)

🧑 고은이는 그래서 결정한 게 있어요?

우리 모두 각각 자신의 꿈이 무엇인지 이야기를 하고, 그 꿈을 위해 결정할 것과 이별해야 할 것을 말했다. 꿈과 미래를 생각하면 마음이 반짝이는 것 같고 기분이 좋지만, 그러기 위해 포기해야 할 것들을 생각하면 마음이 무겁다. 그러기에 모든 사람이 꿈을 이루지는 못하는 것 같다.

인간을 구원하시기 위해 십자가의 고통을 참으신 예수님이 생각이 난다.

"믿음의 주요 또 온전하게 하시는 이인 예수를 바라보자. 그는 그 앞에 있는 기쁨을 위하여 십자가를 참으사 부끄러움을 개의치 아니하시더니 하나님 보좌 우편에 앉으셨느니라. 히브리서 13장 2절"

지금 당장 나를 기쁘게 하는 유혹들을 참기 위해 나의 꿈과 목표를 생각하는 시간을 더 많이 가져야겠다.

성공의 의미

🧒 엄마는 페이지 21에 "생각만 해도 두근거리는 목표나 꿈이 있지 않은가? 즉시 그걸 찾아 나서는 결정을 내리면 된다. 인생에서 그것 말고 성공에 이르는 다른 길은 없다."가 와닿았는데, 정말 인생에서 그거 말고 다른 길은 없을까?

👧 네, 하기 싫지만 어떻게 돈을 벌어서 하는 일도 있겠죠.

🧒 그래서 성공할 수 있을까?

👧 잘하면 할 수 있겠죠.

🧒 진정한 성공이란 뭘까? 내가 하기 싫은 일인데, 그게 잘

돼도 성공일까?

🙂 네

🙂 그것도 성공이긴 하지. 태은이의 생각은 어때? 진정한 성공이란 뭔 거 같아?

🙂 행복해야 해요.

🙂 돈을 많이 벌어도 마음이 행복하지 않으면 정말 성공은 아니겠지. 그냥 하는 사람들보다 즐기는 사람이 더 성공한다고 해.

🙂 즐겨서 성공했다기보다는 즐기는 걸 했으니까 성공을 한 거겠죠. 억지로 '이것을 즐겨서 성공할 거야' 한다면 성공하지 못할 거예요. 진정 즐기는 것이 아니니까.

🙂 자기가 정말 좋아하는 게 뭔지 그것을 찾고 결정을 해야겠네요. 이별할 것을 이별해야겠네요.

🙂🙂 네

두 번째 습관 - 배우고 성장하라.

중요 - 실행하세요.

🙂 두 번째 습관은 뭐예요?

🙂🙂 배우고 성장하는 거

🙂 고은이는 어떤 부분이 좋았습니까?

🙂 "자유를 누리기 위해 한가지 대가를 치러야 했다.…'투쟁'해야만 했다."(p.25)에서 보면 자유를 얻기 위해선 투쟁을 해야 합니다. 또, "'살아있다'의 정의는…'성장한다'는 것이다."(p.27) "독서, 일기쓰기, 세미나 참석, 산책과 운동 … " 이것들은 어려운 상황이 닥칠 때마다 나를 구원할 것이다. (p.33)

🙂 그래서 고은이는 뭐 하고 싶은데?

🙂 독서와 운동

🙂 좋습니다. 27페이지에서 "똑같이 주어진 시간 안에서 더 많이 배우고 더 많이 성장하는 삶, 그것이 가장 성공적인 삶이다"라고 말했는데, 내 생각에는 배우는 것만큼 아웃풋하는 것도 중요해요. 실행하면서 배워야지 더 성장한다는 생각이 들었어요.

🙂 실행하세요.

🙂 네, 옛날보다는 잘하고 있습니다.

🙂 어떤 것을 실행하고 있어요?

나는 예전에는 혼자 공부만 했는데, 이제는 강의하면서 더 배워가고 있고, 또 책을 쓰고 있다고 말했다.

🙂 태은이는 요즈음은 무엇을 배우고 성장하고 있어요?

4장 좋은 습관을 만들어 가는 아이

태은이는 요즈음은 무엇을 공부하고 있고, 어떻게 미래를 준비하고 있는지 말해주었다.

🧑 많은 것을 배우고 있네요. 잘하고 있습니다.
우리 모두 열심히 배우고 성장합시다!

세 번째 습관 - 시간과 함께 뛰어라.

중요 - 비극도 삶의 일부, 극복할 수 있다.

🧑 세 번째 습관은?

🧑👩 시간과 함께 뛰어라.

🧑 어떤 곳이 마음에 와닿았나요?

👩 "비극은 삶의 일부다.… 피할 수는 없지만, 무너지지 않고 극복할 수는 있다."(p.39)

🧑 멋있는 말이네. 그게 어떻게 와닿았어요?

👩 '시험을 피할 수 없지만 잘 극복하면 된다', '열심히 공부하면 극복할 수 있다'라는 생각이 들었어요.

중요 - 카르페 디엠!(현재를 잡아라)

🧑 나도 비슷하게 와닿은 게 있었는데, 40페이지에 "소중하게

여겨야 할 것을 소중히 여기고, 감사해야 할 것들에 감사하는 것, 그것이 5년 후에 준비하는 지혜다."

과거를 후회하지 말고, 미래를 염려하지 말고, 지금 내가 소중히 여겨야 할 것을 소중히 여기고, 지금 감사할 것을 감사해야겠다는 마음이 들었어요.

네 번째 습관 - 폭을 좁혀 깊게 파라.

중요 - 엄청나게 시도하라.

🙂 네 번째 습관은?

🙂🙂 폭을 좁혀 깊게 파라.

🙂 고은이는 어떤 게 와닿았어요?

🙂 "돈을 벌려면 … 성공의 결과도 실패의 결과도 풍부하게 내야 한다."(p.48), "위너들은 … 평범한 일을 특별하게 해내는 사람들이다."(p.49), "SINALOA(Safety in numbers and the law of average", "당신의 안전은 숫자와 평균의 법칙에 있다."(p.51)

🙂 응. 엄청나게 많이 시도하는 것이 성공의 확률을 더 높인다는 거지. 그치? 성공이든 실패든 많이 해야지 성공의 확률이 높아진다는 거지. 두 번 딱 해 놓고, "안 돼. 나는 왜 이렇게 못 할까?" 하면 안 된다는 거지.

🧑 나는 52페이지 "당신에게 가장 중요한 일이 무엇이든 간에, 당신은 그 일을 엄청나게 자주 해야 한다. 그러면 분명 성공을 보장받을 수 있다." 영어도 열심히, 언어도 열심히 공부하고, 전도도 많이 해야겠다는 생각이 들었습니다.

다섯 번째 습관 - 업적을 쌓아가라.

🧑 다섯 번째 습관은?

🧑👩 업적을 쌓아가라.

🧑 어떤 부분이 와닿았나요?

👩 "무엇보다 먼저 자신이 변해야 한다"(p.56), "성공한 사람에게는 '업적'이 있다"(p.58), "성공은 인간의 천부적 권리다."

🧑 그게 어떻게 와닿았어요?

👩 나 먼저 변해야 한다!

🧑 어떻게 변하고 싶어요?

👩 게으르게 살지 않기.

🧑 네, 좋습니다. 난 57페이지 "실력을 쌓는다는 것은, 그 맨 밑바닥에 '나의 변화'가 있을 때 가능하다. … 실력이 뛰어난 사람만이 더 큰 경기에 나설 수 있다."(p.57)
동네 축구로는 월드컵에 나갈 수 없다고 하죠. 월드컵에 나가려면 대표선수만 한 실력이 있어야 한다고 하죠.

🙂 네

🙂 고은이는 어떤 실력을 쌓고 싶어요?

🙂 그림이요.

여섯 번째 습관 - 저스트 두 잇

중요 - 잠재력을 발휘 못하면 게으름뱅이

🙂 여섯 번째 습관은?

🙂🙂 저스트 두 잇

🙂 고은이는 어떤 것이 와닿았나요?

🙂 "세상이 뭐라고 떠들든 간에 상관하지 말고 그냥 하자! Just do it!"(p.65~66), "성공한다는 것은 '좀 더 일찍 행동한다'라는 뜻이다"(p.67), "철학자 소크라테스는 이렇게 말했다. '자신의 잠재력을 온전히 발휘하지 않는 사람, 나는 그를 게으름뱅이라고 부른다.'"(p.66) 했던 게 와닿았어요.

🙂 그게 어떻게 와닿았어요?

🙂 게으르지 말고, 나의 잠재력을 발휘하려고 열심히 살아야겠다고 생각했어요.

🙂 그래서 잠재력을 발휘하기 위해 어떤 걸 하고 싶어요?

🙂 그림 그리기와 기타 배우기.

🙂 가고 싶은 고등학교에 가려면 또 뭐 해야 할까요?

🙂 공부.

중요 - 저스트 두 잇, 나이키 이야기

🙂 '저스트 두 잇!(Just do it!)' 이야기에서 나이키 이야기가 감동적이었어요. 아디다스나 나이키나 그냥 원래 둘 다 큰 기업이라고 생각했는데, 아디다스가 한창 유력할 때, 젊은 애들끼리 뭉쳐서 나이키를 시작했데요. 다들 안 된다, 망한다고 하지 말라고 했는데 상관하지 않고 '저스트 두 잇' 그냥 했대. 그래서 성공했대.

🙂 '지금까지 어떻게 해야 할지 계획을 세우고 있었다면, 지금도 아직 시작하지 못했을 것이다.' 뭐 이러면서.

🙂 나이키가 좀 더 높지.

🙂 디자인도 심플하게 더 좋아.

🙂 둘 다 처음부터 대단했던 줄 알았는데, 나이키가 그렇게 조그마한 데서 시작했다는 게 참 신기했어.

일곱 번째 습관 - 스트레스를 네 편으로 만들어라.

중요 - 한 가지에 집중하라.

🙂 일곱 번째 습관은?

🙂🙂 스트레스를 네 편으로 만들어라.

🙂 고은이는 어떻게 와닿았어요?

🙂 "한 가지에 집중하라."… "스트레스는 부정적으로도 긍정적으로도 사용할 수 있다."(p.76), "성공하는 사람들은 마음챙김, 즉 마인드풀니스(mindfullness)의 대가들이다."(p.82)

🙂 어떻게 와닿았어요?

🙂 무언가를 할 때 한 가지 일만 마음에 꽉 채워 집중하고, 스트레스를 긍정적으로 사용하기 위해서 노력해야겠다고 생각했어요. 예로 양초에 불을 붙이면 우리가 잘 볼 수 있게 해주지만, 불이 나면 다 태워버린다는 거.

🙂 맞아요. 엄마가 읽을 때는 그냥 대충 봤는데, 고은이가 말하니까 더 맞는 말로 멋있게 느껴지네.

🙂 네.

중요 - 스트레스를 내 편으로

🙂 나도 77페이지 "스트레스는 외적 상황에 의해 생성되는 것이 아니라, 우리 자신의 자신이 외적 상황을 어떻게 다루는지에 의해 생성된다. 다시 말해 스트레스 받는 것은 일 자체 때문이 아니라, 우리가 일을 대하는 방식 때문이다"가 와닿았어. 일 자체가 힘들고 어려운 게 아니라, 내가 그 일을 어

떻게 어떻게 대하는지에 따라서 스트레스가 달라진대.

🙂 '에이 싫어'하면 스트레스고, '와, 재밌겠다' 하면 아니고.

🙂 공부할 때, '이 정도는 알아야지' 하면서, 공부를 내 편으로 만드는 거야.

여덟 번째 습관 - 어려움을 돌파하라.

🙂 여덟 번째 습관은?

🙂🙂 어려움을 돌파하라.

🙂 고은이는 어떤 부분이 와닿았어요?

🙂 "여러분은 절대로, 절대로, 절대로 포기하지 마십시오"(p.85)와 "꿈꾸기를 포기한 사람은 살아있기를 포기한 사람이다"(p.85)와 "실수는 바로잡을 기회기 있다. 반면에 어려움이 닥쳐와 포기해 버리면 모든 것이 사라진다"(p.87)

🙂 그게 어떻게 와닿았어요

🙂 꿈을 꾸는 사람, 절대 포기하지 않는 사람이 되어야겠다고 생각했어요. "절대로 절대로 절대로 포기하지 마라"를 이번 중간고사 때, 책상에 붙여놓고 공부했었어요.

🙂 오, 그때 누가 말했는지 알고 있었어?

🙂 아니요.

🧑 오늘 알았네.

윈스턴 처칠이 영국 총리로 2차대전 때에 어떻게 승리로 이끌었는지를 같이 이야기를 나누었다.

👧 엄마는 어떤 것이 와닿았어요?

🧑 나는 "어려움을 돌파하라"에서 "삶은 해변과 같다. 험난한 파도가 끝없이 출렁인다. 어려운 문제와 역경이 밀물처럼 밀려왔다가 썰물처럼 빠져나간다. 따라서 답을 찾으려고 애쓸 필요 없다. 답을 찾는다고 해서 어려움이 사라지는 것은 아니기 때문이다. 그저 어려움을 통과하면 충분하다. 잘 견디기만 하면 어려움은 저절로 물러간다."(p.87) 이 부분이 좋았어. 난 항상 답을 많이 찾으려고 했거든. 근데 잘 견디는 것만으로도 정말 잘하고 있는 거라고.

👧 제가 잘 견뎠잖아요. 중간고사.

🧑 잘했어.

👧 맞아요. 걸스카우트 캠프 가서도 잘 견뎠어요.

고은이는 얼마 전 처음으로 다녀온 걸스카우트 캠핑에서 고생했던 이야기와 살아 돌아온 것에 관한 감사의 이야기를 했다. 영상 6도 얇은 텐트에서 자고, 오랜 시간 산행하고, 산에서 넘어지고 굴러떨어질 뻔하고, 계단에서 구르고. 가기 전에 너무

설렌다고 좋아했던 고은이가 이제 다시는 가기 싫다고 너무 힘들었다고 한다. 하브루타를 하며 딸아이가 처음으로 간 캠핑, 그날의 이야기를 자세히 들을 수 있어서 좋았다.

아홉 번째 습관 - 뛰어난 '처음'을 만들어라.

🧑 아홉 번째 습관은?

🧑👩 뛰어난 '처음'을 만들어라.

🧑 어떤 부분이 와닿았어요?

👩 "1호에게 조언을 구해 2호가 되기(p.95)", "효율성이 검증된 시스템 찾기"(p.95), "성공을 원한다면 반드시 뚜렷하고 탄탄한 '처음'을 만들어야 한다"(p.97), "전문가를 고용하는 데 돈을 아끼지 말라"(p.99).

🧑 고은이는 무엇을 실천하고 싶어요?

각자 하고 싶은 일과 롤모델로 삼고 싶은 각 분야 1호들에 관해 이야기를 나누었다.

고은이는 초등학생이었을 때, '코코 샤넬'이 롤모델이었고, 패션디자인에 관심이 많아 옷을 직접 만들어 보기도 했다. 중2가 된 지금은 구찌를 만들어 보고 싶다고 한다. 그림을 그리는 것은 예전이나 지금이나 좋아해서 계속 그리고 있다. 태은이는 고은이가 그림 그리기를 좋아하니 '포토샵'과 '일러스트레이트'

도 배우면 좋겠다고 추천했다. 오빠가 스스로 자신의 길을 개척해나가고, 동생도 지도해주니 감사할 뿐이다. 모든 것이 하나님의 은혜이고, 하브루타 덕분이다.

나는 작년에 비전 보드를 만들어 안방 책상 위에 붙여놓고 매일 본다. 아직 많이 이루지는 못했지만, 게을러질 때마다 내 인생의 내비게이션이 되어 다시 일어서게 한다. 비전 보드에는 내가 추구하는 꿈들의 각 분야의 1인자라고 생각하는 분들의 사진이 있다. 엄마로서 한 분야의 1인자가 되어 아이들의 롤모델이 될 수 있다면 좋겠지만, 쉽지 않다. 하지만 엄마도 엄마이기 전에 한 사람으로 꿈을 가지고 있고, 그 꿈을 이루기 위해 롤모델을 따라 열심히 노력하고 있다는 것은 보여줄 수 있다.

열 번째 습관 - 태도가 팔 할이다.

🧑 열 번째 습관은?
🧑👩 태도가 팔 할이다.
🧑 '팔 할'이 뭐야?
👩 10개 중 8개.
🧑 맞아, 80%. 고은이는 어떤 부분이 좋았어?

🙍 101페이지 "'좋은 속도'를 만들어 놓으면, 좋은 탄력이 붙는다"가 좋았어요.

🙍 그래서 고은이는 어떻게 하고 싶어?

🙍 신입사원이 다른 사람들이 싫어하는 꼰대의 말을 경청해서 승진한 것을 보며, 아무리 싫어도 그 사람이 한 분야의 전문가거나 미리 그걸 경험해 본 사람이기 때문에 좋은 점은 배워야겠다고 생각했습니다.

🙍 엄마는 어떤 부분이 와닿았나요?

🙍 103페이지 "실력은 기본 엔진이다. 태도는 그 엔진을 돌리는 힘이다"를 읽으며, 태도가 중요하다는 것이 새롭게 와닿았고요. "기량만을 가진 선수는 은퇴 후에 곧장 사라지지만, 기량과 태도를 갖춘 선수는 은퇴 후에도 여전히 많은 사람의 사랑을 받으며 승승장구한다"(p.103)도 좋았어요.

🙍 김연아 선수도.

마무리로 각자 가장 갖고 싶은 습관을 말하고, 기도하고 하브루타를 끝냈다.

《보도 섀퍼의 이기는 습관》으로 하브루타 워크시트

제목	이기는 습관	작성자	
지은이	보도 섀퍼	작성일	

각 습관에서 필사하고 싶은 것과 실천하고 싶은 것을 적으세요.

첫 번째 습관 - 결정을 내려라.
___
___
___
___

두 번째 습관 - 배우고 성장하라.
___
___
___
___

세 번째 습관 - 시간과 함께 뛰어라.
___
___
___
___

네 번째 습관 - 폭을 좁혀 깊게 파라.
___
___
___
___

다섯 번째 습관 - 업적을 쌓아가라.
___
___
___
___

(A4로 사용했던 워크시트를 축소 편집한 워크시트)

여섯 번째 습관 - 저스트 두 잇

일곱 번째 습관 - 스트레스를 내 편을 만들어라.

여덟 번째 습관 - 어려움을 돌파하라.

아홉 번째 습관 - 뛰어난 '처음'을 만들어라.

열 번째 습관 - 태도가 팔 할 이다.

하브루타 소감과 실천사항

(A4로 사용했던 워크시트를 축소 편집한 워크시트)

- 2 -
정리하는 것이 재미있으려면?
《어린이를 위한 정리정돈》

《어린이를 위한 정리정돈》, 함윤미 글, 조현숙 그림, 위즈덤하우스

《어린이를 위한 정리정돈》은 정리정돈이 어떤 것인지, 왜 해야 하는지, 어떻게 하는 것인지 재미있는 이야기로 가르쳐준다. 덜렁거리는 진표는 차분하고 당당한 도희와 친해지기 위해 환경 미화를 같이 하겠다고 한다. 마술에 관심이 많았던 진표는

도희의 코치로 마술에 관한 내용을 잘 '정리'해 환경 미화 게시판에 올린다. 이 과정에서 마술사의 기본도 '정리정돈'인 것을 알게 되고, 공부를 잘하는 비결도 과목별 '노트 정리'라는 것을 깨닫게 된다.

성공하는 사람의 가장 기본이 되는 습관 중 하나가 정리정돈 하는 습관이다. 《청소력》에서 마쓰다 미쓰히로는 "당신이 사는 방이 당신이다. 즉, 당신의 마음의 상태, 그리고 인생까지도 당신의 방이 나타내고 있다"라고 말한다. 난 어렸을 때부터 청소하는 습관을 들이지 못했다. 뭔가 배우고 공부하는 것이 우선이었다. 책과 노트들로 어질러있는 방을 치우는 것은 시간을 낭비하는 것처럼 느껴졌다. 연구실에서 이리저리 흩어져 있는 책 사이에서 열심히 연구하는 학자들의 모습이 멋있어 보였다. 그런데 '내 방이 곧 나 자신'이라니 '내 마음이 이렇게 헝클어져 있구나' 정신이 퍼뜩 들었다.

청소가 되어 있지 않은 방에서 살면, 마음이 정돈되지 못하고 산만하다. 필요한 것을 찾기 위해 시간을 허비하게 되고, 결국 찾지 못하면 다시 사야 해서 돈을 허비하게 된다. 반면 청소가 잘 되어 있는 방에선 마음이 정돈되고, 필요한 것을 바로 찾을 수 있으니 시간을 아낄 수 있고, 다시 사지 않아도 되니 불필요한 지출을 줄인다.

방 청소뿐 아니다. 여기저기에서 공부하느라 받아 둔 자료들이 정리되지 않으면, 결국 쓰레기가 된다. 반면 잘 정리된 자료와 노트는 유용하게 사용되어 좋은 점수와 결과를 안겨 준다. 좋은 책을 읽어도 정리하지 않으면, 다음에 무슨 책을 읽었는지도 기억하기 힘들다. 독서록은 언제 무슨 책을 읽고, 어떻게 느꼈고, 무엇을 배웠는지 기억하여 사용하게 한다.

부모로서 아이에게 어떤 유산을 남겨 줄 수 있을까? 돈도 지식도 많지 않은 나는 예수님을 믿는 신앙과 배움에 대한 열정과 좋은 습관을 물려주고 싶다. 좋은 습관은 돈보다 중요하다. 돈은 있다가도 없을 수 있고, 없다가도 생길 수 있다. 하지만 긍정적으로 생각하는 습관, 배움에 대한 열정, 성실한 습관이 있는 사람은 어떤 어려운 상황도 이겨낼 수 있는 저력이 있다. 좋은 습관은 복을 받을 수 있는 좋은 마음의 그릇을 만들어 준다.

《어린이를 위한 정리정돈》으로 하브루타

같은 책을 각자 서로 다른 색으로 줄을 그으며 읽었다. 서로의 줄 그은 곳에 한 번씩 마음이 머물다 간다. '고은이는 이 부분이 마음에 와닿았구나.' 서로의 메모를 보고 다시 생각해 본다. '엄마는 이렇게 생각했구나.'

먼저 각자 읽은 내용을 기억하며 5 X 5 빙고 게임을 했다.

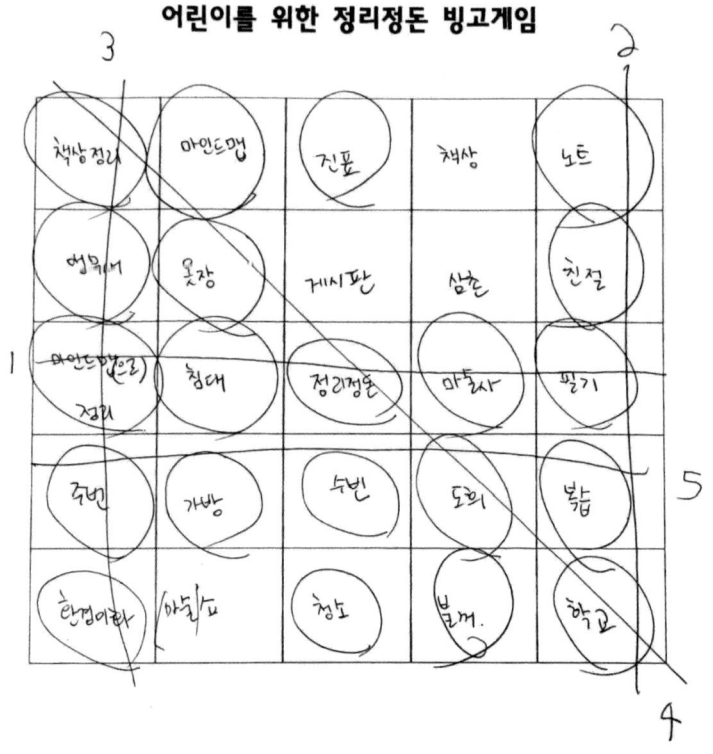

누가 이겼는지는 중요하지 않다. 빙고 게임을 하면서, 자연스럽게 책의 내용을 기억해 보게 되고, 키워드를 찾게 된다.

빙고 게임을 하고 마음이 몰랑몰랑해진 상태에서 기도하고, 7 키워드(낭독, 재미, 경험, 궁금, 중요, 메시지, 필사) 중 낭독, 재미, 경험, 궁금, 중요로 하브루타하고 마인드맵을 그렸다. 하브루타를 하기 전에 먼저 작가에 대해 어떤 사람인지 알아보는 것도 좋다.

시작 기도

🧑 하나님 아버지, 고은이와 제가 하브루타 잘 하며, 정리정돈에 관해 잘 생각하고 실천하게 도와주세요. 그래서 하나님께 영광 돌리는 우리의 삶이 되게 도와주세요. 예수님 이름으로 기도합니다. 아멘.

읽은 소감

🧑 오늘은 <어린이를 위한 정리정돈>으로 하브루타 하겠습니다. '어린이를 위한'이라고 했지만, 어른들도 보면 좋을 거 같아요. '읽어본 소감'이 어땠어요?

👧 재미있었어요.

🧑 어떻게 재밌었어요?

👧 청소 못 하던 애가 여러 가지 일을 경험하면서, 청소를 열

심히 하고 자신의 꿈을 찾아가는 게 재미있었어요.

🙂 나는 그 아이도 아이지만, 나 자신이 많이 돌아 보였어요. 그래서 갑자기 막 옷 정리를 했어요.

낭독 - 정보 수집 > 정보 이용

🙂 '낭독'해서 읽어주고 싶은 부분이 있었어요?

🙂 페이지 117페이지에 '보여주고자 하는 내용이 정해지면, 그것에 맞춰서 정보를 수집해야 하는 거야. 그게 일의 순서라고. 아무리 맞은 정보도 그걸 제대로 이용하지 못하면 아무 소용 없어'를 읽고 정보를 잘 이용해야겠다 생각했어요.

🙂 어떻게 하면 잘 이용할 수 있다고 했죠?

🙂 보여주고자 하는 내용이 정해지면 그것에 맞춰 정보를 수집해야 하고, 그게 일의 순서라고 했어요.

🙂 진표가 마술사에 관해서 꿈 게시판을 만들고 있었죠. 근데 자료는 많은데 정리가 하나도 안 됐어요. 그래서 도희가 어떻게 했지요?

🙂 열심히 해 줬어요.

🙂 도희가 마술에 관한 메모를 줬어요. '마술이란 무엇인가?', '마술은 언제 처음 만들어졌나?', '마술의 역사를 알아보면 좋겠다', '마술사 되려면 어떻게 해야 하는가?', '유명한 마술사는 누가 있는가?' 이렇게 딱 틀을 만들어 주니까 거기에

맞춰서 자료수집을 할 수 있었어요.

경험

🧒 읽으면서 비슷한 '경험'이 있거나 본 적이 있어요?

🧒 애들이 학원 가야 하는 게 저의 모습 같았어요.

🧒 나는 여기 책에서 정리가 안 돼서 물건을 못 찾는 것을 보면서 비슷한 경험이 있어요. 시간을 별로 없어서 빨리 찾아서 해야 하는데, 제 자리에 없으니까…

🧒 그것 때문에 낭비하는 시간이 아깝죠.

🧒 찾는다고 낭비하는 시간이 참 아깝다는 마음이 들었어요. 또 진표가 손톱 깎기를 쓰고 아무 데나 놔둬서 엄마가 밟아서 발이 아팠잖아요. 우리도 손톱 깎기를 쓰고 찾지 못한 적이 많은데, 쓰고나서 정리해야 한다는 생각이 들었어요.

🧒 17페이지 보면 진표가 준비물인 컴퍼스를 제대로 챙기지 못해서 친구 걸 빌렸어요. 그런데, 쓰다가 떨어뜨리고 빨리 줍지 않아 다른 사람이 밟아 버렸어요. 뭐든지 바로 정리하는 것이 중요하다는 생각이 들었어요.

🧒 나도 정리를 해야겠다는 생각이 들었어요.

안타까움

🧒 읽으면서 '재미' 있었던 부분이 있었나요? 재미나 슬픔이

🙂 나 어떤 감정이 느껴졌던 부분을 말해도 돼요.

🙂 삼촌이 마술쇼를 하는데 갑자기 안 되는 부분이 안타까웠어요.

🙂 왜 마술쇼가 갑지가 잘 진행되지 않았지요?

🙂 진표가 삼촌 물건을 가지고 장난치고 정리하지 않아서요.

🙂 삼촌이 화도 조금만 내고 정말 착했어요.
마술사의 첫 번째 조건이 '정리정돈'인걸 처음 알았어요.

🙂 정리 정돈해야지요. 바로바로 써야 하는데.

🙂 마술사뿐 아니라 모든 사람이 성공하기 위해 먼저 정리정돈을 해야 할 거 같아요. 진표 친구 도희는 노트를 과목별로 잘 정리해 시험공부 하기 좋았던 거 같아요.

책을 읽으며 공감되었던 부분들도 이야기를 나누었다. 고은이는 친구들이 물건을 빌려 가서 돌려주지 않을 때 속상했던 이야기를 했고, 나는 어린 시절 방과 후에 남아서 환경 미화했던 이야기를 했다. 책을 읽고 하브루타 하다 보면 서로의 인생에 대해서도 조금씩 더 알 수 있다.

궁금 - 마음에 드는 사람

🙂 이 책에서 **누가 제일 마음에 들었어요?**

🙂 도희요.

🙂 어떤 면이 마음에 들었어요?

😊 노트 정리를 잘하고 똑똑한 점이 마음에 들었어요.

😊 도희는 다른 사람을 배려하면서도 자기 할 말을 잘했는데, 저도 그게 마음에 들었어요. 다른 사람을 배려하지 않고, 함부로 말하는 것도 아니고, 다른 사람을 배려해서 자기 할 말 못 하는 것도 아니고, 둘 다 할 수 있는 건 쉽지 않은데 대단한 것 같아요. 나도 그러고 싶어요.

중요 - 정리·정돈

😊 그러면 어떤 것이 '중요'하게 느껴졌는지 말해주세요.

😊 정리정돈을 하면 물건을 찾느라 쓸데없이 낭비하는 시간 시간을 없앨 수 있고, 필요한 것을 한 번에 찾을 수 있고, 부서지거나 없어져서 또 사야 하는 돈을 아낄 수 있어요.

😊 나는 156페이지에 "주변 정리하는 습관을 잘 들이면 생각에도 체계가 생겨" 이 말이 좋았어요.

😊 나도 그거 좋았는데. 142페이지에 "정리하는 습관을 잘 들이면 생각에도 체계가 생긴다"라는 말.

😊 마인드맵을 그리면 생각이 잘 정리된다고 했어요.
우리가 청소해야 할 것을 마인드맵으로 한 번 그려봐요.

고은이는 무엇을 언제 어떻게 정리하고 싶은지 마인드맵을 그려서 발표했다.

<고은이의 청소 마인드맵>

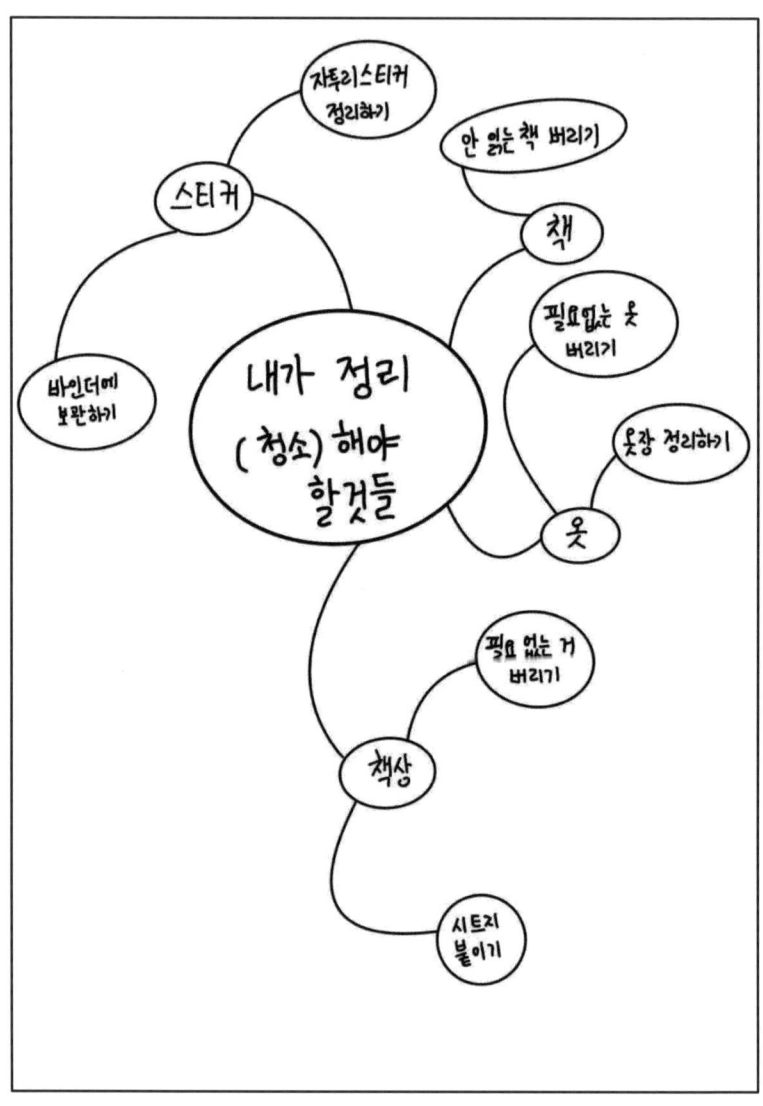

《어린이를 위한 정리정돈》으로 하브루타 워크시트

제목	어린이를 위한 정리정돈	작성자	
지은이	함윤미 글, 조현숙 그림	작성일	

<어린이를 위한 정리정돈 빙고게임>

낭독 : 읽어 주고 싶은 부분은 어딘가요? 그 이유는 무엇인가요?

경험 : 비슷하거나 연관된 경험이 있었던 부분이 있나요?

재미 : 희노애락의 감정이 느껴졌던 부분은 어딘가요?

궁금 : 어떤 것이 궁금한가요? (사실적, 사색적, 평가적, 해석적)

(A4로 사용했던 워크시트를 축소 편집한 워크시트)

중요 : 어떤 것이 중요하게 느껴지나요? 그 이유는 무엇인가요?

메시지 : 작가가 말하고자 하는 메시지는 무엇일까요?

필사 : 적어 두고 다시 보고 싶은 구절은 어디인가요? 그 이유는?

<정리정돈 마인드맵>

하브루타 전체 소감

(A4로 사용했던 워크시트를 축소 편집한 워크시트)

5장

돈을 벌고 관리할 줄 아는 아이

5장 돈을 벌고 관리할 줄 아는 아이

"네가 이 세대에서 부한 자들을 명하여 마음을 높이지 말고, 정함이 없는 재물에 소망을 두지 말고 오직 우리에게 모든 것을 후히 주사 누리게 하시는 하나님께 두며, 선을 행하고 선한 사업을 많이 하고 나누어 주기를 좋아하며 너그러운 자가 되게 하라." - 성경 디모데전서 6:17~18

22년 차 애널리스트인 박소연 작가의 《딸아, 돈 공부 절대 미루지 마라》를 읽다가 독일 학생 '나이나 K'의 글을 보았다.

"나는 곧 18살이 됩니다. 하지만 세금, 집세, 보험 능에 대해 아는 바가 없어요. 그러나 나는 시를 분석하는 데 능합니다. 그것도 4개국 언어(독일어, 스페인어, 영어, 프랑스어)로요. 물론 우리는 학교에서 중요한 것들에 대해 배우지만 아무도 우리가 자립할 방법은 가르쳐 주지 않습니다."

'나이나 K'가 2015년에 트위터에 올렸다는 이 글을 보니, 4개국어를 할 줄 안다는 사실 외에는 별로 우리나라 학생과 다르지 않다는 느낌이 들었다.

지금 50세가 된 나도 '금융 문맹'이다. 물가가 빠르게 상승하고, 금융시장이 안정적이지 못한 요즈음 세상에서 한글을 모르고 영어를 모르는 것보다 더 심각한 문제가 금융 문맹이라고 한다. 학교에서 국사, 세계사, 영어, 수학의 미분, 적분은 배웠지만, 어떻게 돈을 관리 해야 하는지는 배우지 못했다. 학교에서 하라는 공부만 했고, 적당한 대학에 가서 공부하다가, 적당히 취직해서 돈 벌고, 꼬박꼬박 적금해서 그 돈으로 결혼했다.

돈에 대해서 내가 아는 것은 세 가지뿐이다.

첫 번째 먼저 하나님의 나라와 의를 구하면, 하나님이 모든 필요를 채우신다는 것이다.
"그런즉 너희는 먼저 그의 나라와 그의 의를 구하라 그리하면 이 모든 것을 너희에게 더하시리라."
이 말씀은 신약성경 마태복음 6장 33절에서 예수님이 약속하신 것이다. 정말로 그랬다. 모아놓은 돈은 없이 너무나 잘 먹는 세 아이와 개척교회를 시작해야 했을 때, 막막했지만 하나님을 신뢰했고, 하나님이 채워주셨다.

두 번째로 돈을 좇고 섬기면, 영혼이 파괴된다는 것이다.
"돈을 사랑함이 일만 악의 뿌리가 되나니 이것을 탐내는 자들은 미혹을 받아 믿음에서 떠나 많은 근심으로써 자기를 찔렀도다" - 디모데전서 6장 10절
내 영혼이 다른 어떤 것보다 귀하기 때문에 돈을 사랑하지

앉으려고 노력했다. 안정적인 직장을 버리고 하나님 주신 비전 따라 신학을 공부했고, 돈이 없어도 하나님을 사랑하는 남자와 결혼했다.

세 번째로 우리는 소유하고 있는 모든 것의 주인이 아니라, 청지기라는 사실이다. 돈이나 자식이나 건강이나 지혜나 지식이나 내가 누리고 있는 모든 것은 이 땅을 살아가는 동안 잘 관리하고 누리고 나누라고 주신 하나님의 선물이다.

"하나님이 자기 형상 곧 하나님의 형상대로 사람을 창조하시되 남자와 여자를 창조하시고, 하나님이 그들에게 복을 주시며 하나님이 그들에게 이르시되 생육하고 번성하여 … 다스리라 하시니라."

창세기 1장 27절에서 28절 말씀이다. 하나님은 우리가 이 땅을 잘 관리하여 풍성한 삶을 살아가길 바라신다.

하지만 내가 간과한 것이 있었다. 돈의 흐름도 하나님이 잘 다스리라는 세상 중 하나인데, 난 돈을 너무 모른다. 자본주의 사회에서 돈을 어떻게 이용하고 관리할지 무지하다. 돈이 없어 생활의 위협을 느낀 적은 없지만, 사랑하는 사람들을 위해 원하는 만큼 돈을 쓸 수 없는 것이 안타까울 때가 종종 있다. 나의 이런 모습이 아이들에게 '돈을 벌어야겠다'라는 마음을 불러일으켰다. 어릴 때부터 경제관념을 가지게 된 것은 감사하지만, 한편으로 무지한 엄마 때문에 아이들이 어려서부터 돈을 벌어야겠다는 생각을 하는 것이 마음 아프다.

나는 가난하지도 부유하지도 않기를 바란다. 잠언에 나오는 말씀처럼 너무 가난해서 하나님의 영광을 가리기도 싫고, 너무 부유해서 하나님을 의지하지 않고 교만해질까 두렵기 때문이다. 하지만 경제적 자유를 누리고 싶어 어린 나이에 사업에 뛰어들려는 자녀들을 보며 아이들에게 바른 경제관념을 심어주어야겠다는 생각이 들었다.

사실 나는 지금도 '아이들이 돈을 못 벌면 어떡하지?'라는 생각보다, '하나님보다 돈을 더 사랑하여 쫓아가면 어떡하지?'가 걱정이다. 준비가 되지 않은 상태에서 돈을 많이 가지면 신앙도 삶도 망가진다. 많은 돈은 사람의 인성을 보여주는 확대경이라고 한다. 착한 사람은 많은 돈으로 더 많은 착한 일을 하고, 악한 사람은 그 많은 돈으로 더 악한 일을 하고.

아이들이 먼저 좋은 사람이 되면 좋겠다. 하나님의 선한 청지기가 되어 하나님이 주신 재능과 재물과 기술들을 잘 활용하여 본인도 다른 사람들도 풍성하게 하는 사람이면 좋겠다.

자본주의가 시작했던 배경도 그랬다. 청교도들이 청지기의 마음으로 하나님이 주신 지혜와 재능들을 잘 사용하여 부자가 되고, 부자가 되어도 검소하게 살며, 다른 사람들과 나누며 풍요로운 사회를 만들어 갔다.

　지금은 자본주의가 타락하여 돈으로 사람을 평가하고, 돈이 없어져 자살하기도 하고, 다른 사람의 것을 뺏으며 탐욕적으로 돈을 모으기도 한다. 하지만 이러한 시대에도 진정한 부자들은 선을 행하고 선한 사업을 많이 하여, 다른 사람들도 풍성하게 한다.

　돈을 좇는 사람들은 항상 만족함이 없지만, 다른 사람을 풍성케 할 꿈을 좇는 사람들에게는 돈이 따라온다. 모든 사람에게 컴퓨터를 안겨주고 싶은 꿈이 지금의 빌 게이츠를 만들었다. 모든 사람에게 차를 안겨주고 싶은 꿈이 헨리 포드를 부자로 만들었다. 내 자녀가 부자가 되고 싶다면, 이렇게 자신뿐 아니라 다른 사람도 풍성하게 하는 부자, 그렇지만 모든 것의 주인은 하나님이신 것을 잊지 않는 부자가 되면 좋겠다.

　돈에 대해서 알기 위해 고은이와 함께 경제 관련 책을 읽었다. 어린이도 실천할 수 있는 저축과 투자에 관한 이야기인 《열두 살에 부자가 된 키라》와 부자 마인드와 태도에 관한 책인 《위대한 상인의 비밀》, 《웰씽킹》은 여러 번 나누어 하브루타 했다.

- 1 -
부자가 되고 싶다면?
《열두 살에 부자가 된 키라》

《열두 살에 부자가 된 키라》, 보도 섀퍼, 을파소

《열두 살에 부자가 된 키라》를 쓴 보도 섀퍼는 독일 출신의 세계적인 경영 컨설턴트이자 존경받는 머니 코치이다. 그는 26세 때 파산했지만, 재도전하여 30세부터는 이자 수입만으로 생활이 가능한 부자가 되었다. 《열두 살에 부자가 된 키라》는 그의 어린 시절 미국으로의 이민 생활을 바탕으로 쓴 책이다.

《열두 살에 부자가 된 키라》에서 12살 키라는 부모님이 돈 문제로 다투는 것을 보고 돈에 관해 부정적으로 생각하고 있었다. 어느 날 길 잃은 강아지를 보살펴주게 되었는데, 그 강아지는 부자의 경제관념을 가진 말하는 강아지였다. 그 강아지의 이름을 '머니'라고 지은 키라는 머니로부터 돈을 벌고 잘 관리하는 법을 배워 부자가 되었고, 키라의 부모님은 더이상 돈 문제로 싸우지 않게 되었다.

초6이 된 고은이는 갑자기 돈을 벌고 싶다고 했다.
"엄마, 어떻게 하면 돈을 벌어요?"
"책 읽으면 엄마가 100원씩 줄게."
"그건 엄마 돈이잖아. 나는 진짜 돈을 벌고 싶어요."
초등학생이 어떻게 돈을 벌 수 있는지 알 수 없었던 내게 책 한 권이 눈에 들어왔다. 《열두 살에 부자가 된 키라》

이 책은 언제부턴가 우리 집에 있었는데, 아무도 관심을 주지 않았다. 돈을 벌고 싶은 고은이의 진지한 고민에 답을 줄 수 없었던 나는 이 책으로 같이 하브루타를 해 보자고 했다. 어느 순간 아이들의 질문에 답을 할 수 없을 때가 있다. 그때는 책이 답이다. 좋은 책들이 많아서 참 다행이다. 별생각 없이 읽었던 이 책은 금융 문맹이었던 나의 눈을 뜨게 했고, 13살 고은이가 돈을 벌고 모으기 시작하게 했다.

《열두 살에 부자가 된 키라》로 하브루타

《열두 살에 부자가 된 키라》는 세 번을 나누어 하브루타를 했다. 기본적으로 7 키워드(낭독, 재미, 경험, 궁금, 중요, 메시지, 필사)를 따르지만, 몇 가지는 생략하기도 했다.
다음은 고은이와 하브루타 한 내용 중 일부이다.

1부 말하는 개 머니가 보여 준 돈의 세계

줄거리

🧑 먼저 '**1부 줄거리**'를 한 번 정리해 봐요. 키라는 12살에 어떻게 부자가 됐을까?

👧 말을 할 수 있는 주인이 부자였던 똑똑한 개와 만나서 부자가 되었어요.

🧑 그 개가 **어떻게 하면 부자**가 된다고 가르쳐 주었나요?

👧 먼저 결심을 하래요.

🧑 어떤 결심이요?

👧 ① 내가 돈을 벌고 싶어 한 이유를 결심하고, ② 소원 앨범 만들고, ③ 저금통에 돈을 모으래요.

🧑 어떻게 하면 돈을 벌 수 있다고 그랬죠?

👧 일단은 왜 돈을 벌고 싶은지 기록하라고 그랬어요.

다음으로 돈을 벌고 싶은 이유 10가지를 기록하고, 그중에서 3개를 골라서 그걸로 소원 앨범을 만들래요.

🙂 고은이가 돈 벌고 싶은 10가지 이유를 말해 보세요.

고은이와 나는 각자 돈을 벌고 싶은 10가지 이유를 워크시트에 적고, 무엇인지 이야기했다. 서로가 무엇을 중요하게 생각하는지 알 수 있었다. 고은이도 나도 가족을 위해 돈을 쓰고 싶다는 것이 마음을 따뜻하게 했다.

🙂 그중에서 세 가지 제일 하고 싶은 것은 뭐예요?

돈을 벌어서 하고 싶은 것 세 가지 그림을 그리고, 인터넷에서 유사한 사진들을 찾아서 출력하여 소원 앨범을 만들었다. 어떤 집에서 사는 것이 좋은지 어떤 방에서 사는 것이 좋은지 어떤 가구를 갖고 싶은지 함께 꿈의 집들을 물색하고 찾는 것도 재미있었다. 여행 가고 싶은 것이 꿈인 나는 앞으로 가고 싶은 여행지들의 사진을 찾아 소원 앨범을 만드는 것이 좋겠다고 말했다.

🙂 돈을 벌기 위해서 제일 중요한 게 또 뭐라고 했어요?

👧 "일단 해볼 거야"가 아니라 "해야 해, 할 거야"라고 생각해야 해요.

👤 중요한 마인드는 '해본다'라는 게 아니라, '한다'인 거에요. 그걸 '긍정적인 마인드'라고 하지요.

경험

👤 책 내용과 관련된 '**경험**'이 있나요?

👧 10페이지 '나만의 방이 생겨 얼마나 기분이 좋은지 마치 하늘에 붕 떠 있는 것 같았다.' 내 방이 생겼을 때, 내 기분도 그랬어요.

12페이지 '아빠와 엄마가 돈 얘기를 하고 계셨다. 난 그 얘기가 듣기 싫었다. 이상한 게 돈 얘기만 하면 엄마 아빠가 불행해 보였기 때문이다'에서 우리 엄마, 아빠도 돈 얘기하면 불행해 보일 때가 있어서 듣기 싫을 때도 있었어요.

'그놈의 머니, 머니, 머니······. 젠장 모든 게 다 결국에는 돈 문제군'을 읽으며, 나부터 얼른 돈을 저축하고 아끼는 것을 배워야겠다고 생각했어요.

강아지 '머니'가 제일 처음 '키라'에게 한 말, "키라야, 정말 그 CD를 사야 하는지 한 번만 더 생각해 보는 게 어때?"를 읽으며, 내가 물건 살 때 한 번 더 생각해 보는 것 같았어요.

아이와 하브루타를 하면 책을 통해 아이의 마음을 알 수 있어서 좋다. 때론 그 말이 마음이 아프지만, 아이의 마음이 어떤

지 좀 더 이해할 수 있다.

중요

🙂 책 내용 중 내게 '**중요**'하게 와닿는 부분은 어딘가요?

🙂 '난 돈이 인생에서 제일 중요하다고 생각하지 않아. 하지만 **돈이 없어 중지에 궁지에 몰리게 되면, 믿을 수 없을 만큼 돈이 중요해지지**' 그리고 '내가 기대했던 돈에 대한 첫 수업과는 너무도 달랐기 때문이다'에서 책에서 어떻게 미성년자가 돈을 벌 수 있을지와 어떤 일을 하면 좋을지만 알려줄 줄 알았는데, 먼저 많이 모으는 게 아니라, **지출을 줄이는 것**과 **소원 앨범 만들기**를 해야 한다는 것을 알게 되었어요.

'소원이 간절하면 할수록 그것을 이루기 위해 더 많이 노력해야 하는 법이거든'에서 나도 새 학교에서 친구를 사귀기 위해, 먼저 용기 내어 갔더니 친구를 사귈 생각이 났어요.

'이제 막 12살이 된 여자인 내가 돈을 벌기 위해 뭘 할 수 있을까?'에서 '나도 고작 13살 초등학생 미성년자인데 어떻게 돈을 벌고 있을까?'라는 생각을 했던 것이 기억났어요.

2부 황금 알을 낳는 거위, 저축

줄거리

🧑 《12살에 부자가 된 키라》 <u>2부의 줄거리</u>는 뭔가요?

👩 키라가 길에서 만나서 '머니'라고 이름 짓고 돌본 강아지의 주인은 '골트슈테른'이었어요. 그는 부자 할아버지였어요. 키라는 골트슈테른 할아버지로부터 수입의 10%는 항상 잘 저축하여 황금알을 낳는 거위로 만들어야 한다고 배웠어요. 키라는 머니의 조언대로 자기가 잘하는 일인 개를 돌봄으로 돈을 벌게 되었어요. 많은 개를 돌보게 되자, 친구 '모니카'에게도 개들을 돌보게 하고, 모니카에게는 수입의 50%를 주었어요.

중요 – 좋아하는 일로 돈 벌기, 정말 필요한 것인가?

🧑 엄마는 어느 부분이 좋았어요?

👩 92페이지 '많은 사람이 일이라면 왠지 불편하고 힘든 것으로 생각한다'라고 했는데, 진정으로 좋아하는 것을 할 때 제대로 성공할 수 있다는 것을 또 새롭게 알게 되었습니다.

또 빚을 진 사람은 '정말 꼭 필요한 것인가?'라고, 글을 써서 지갑에 붙이래요. 그래서 계산할 때마다 이게 정말 꼭 필요한 것인가 생각할 수 있게, 나도 여기다가 핸드폰에다가 붙여야 할 것 같아요. 카라처럼 나도 절대로 빚을 지지 않고 항상 미리 저축하는 사람이 되고 싶어요.

중요 - 진정한 용기, 아이디어의 값 ...

👦 148페이지 '용기 있는 사람이란 두려움이 없는 사람이 아니라 두려움을 극복하는 사람이다.' 멋진 말이에요.
그리고 149페이지에 '내가 만약 머니를 잃어버렸을 때 누군가가 너처럼 머니를 돌봐준다면 얼마나 기쁘겠니? 그리고 말이야, 내가 좋아서 한 일이면 그 일은 그만한 가치가 있는 일이 되는 거란다.' 여기에서 내가 하나님을 잃어버린 자녀들이나 아니면 힘든 자녀들을 잘 보살펴주면 하나님도 기뻐하실 거라는 생각이 들었어요.

👦 그리고 150페이지에서 모니카한테 그 돈을 50% 주잖아, 모니카가 일을 다 했는데, 50%만 받으면 기분 나쁘지 않을까 생각했는데, 일 자체에 대한 돈은 많아야 50%이고 아이디어와 용기가 반이라는 말이 마음에 깊이 와닿았어요.

👦 162페이지에 '돈이란 확대경과 같다는 거, 좋은 사람이 돈을 가지면 좋은 일에 쓰고, 도둑이 돈을 가지면 어리석은 일에 낭비한다는 거' 읽으며, 먼저 좋은 사람이 되어야겠다는 생각이 들었어요.

171페이지 '내 인생에서 가장 소중한 것은 두려움을 극복하는 대가로 얻었는데'에서 골트슈테른 할아버지는 두려움을 극복하여 자신의 아내를 얻었다는 내용이 재미있었어요. 나도 두려움을 극복하고 열심히 전도해서 하나님의 사람들을 많이 구원해야겠다는 마음이 들었습니다.

중요한 부분이 너무 많아서 쭉 이야기하기는 했는데, 하나하나씩 깊이 있게 질문하면 더 깊게 생각할 수 있다.

중요 - 소원 앨범, 성공일기, 저축

🙍 키라가 처음에는 '일이 잘 안 될 것 같다'라는 생각을 먼저 했었는데, 이제 '할 수 있다' 확신하고, 많은 일을 찾아서 하고 있어요. 이것을 보면서 '키라가 소원 앨범 만들기, 성공 일기 쓰기, 저축하기 그런 걸 통해 많이 성장했구나'라는 생각을 했어요. 나도 그렇게 키라처럼 성장해서, 빨리 돈을 많이 벌고 싶어요.

3부 돈으로 할 수 있는 모든 것

중요 - 다른 사람을 돕는 부자

🙍 180페이지에 부자가 되어야 할 멋진 이유 중 하나가 '내가 부자가 되면 많은 사람을 도울 수 있다는 거'라고 하는 부분이 좋았어요. 내가 부자가 되면 힘든 사람들을 도울 수 있다는 게 부자가 되고 싶게 만드네요. 돈 때문에 힘들어하

는 사람들을 영적으로도 도울 수 있지만, 경제적으로도 도울 수 있으면 참 좋을 거 같네요.

중요 - 성공일기

🧑 그리고 어려운 일이 잘 이기기 위해서는 멘탈이 강해야 한다는 생각이 들었어요. 182페이지에 '어려움과 실수와 창피함에 대한 두려움'을 버려야 한다는 게 공감되었어요.

나는 창피해서 못하겠다고 할 때가 많았거든요. 실수하면 어떡하지 그런 것도 많았거든요. '좀 떨리지만, 해보자' 그러기 위해서는 성공 일기를 써야겠어요. 내가 성공한 것들을 기록하면, 나중에 용기가 필요할 때 힘이 날 거예요.

👩 성공 일기 같이 써요.

🧑 하루 하나씩?

👩 하루 세 개씩. 최소 두 개.

🧑 그렇게 해요. 키라가 발표할 용기가 없었을 때 성공 일기를 보고, '내가 힘든 것도 많이 했네' 하고 힘을 얻었어요. 성공 일기를 쓰면 '앞으로도 할 수 있겠다'라는 자신감을 가질 수 있을 것 같아요.

👩 전 두려움이란 뭔가 이루어지지 않을 것이라고 상상하는 데서 생기는 걸 알았으니, 그냥 '이루어질 거다'라고 생각할 거예요.

중요 - 주식과 펀드

🙍 3부에서 주식과 펀드의 차이점에 대해서 말해주고 있어요. 고은이는 주식과 펀드가 어떻게 다른 거 같아요?

🙎 주식은 내가 생각해서 '여기가 좋은 것 같아'하는 거고, 펀드는 펀드 매니저에게 맡기면 그 사람이 좋은 것을 판단하고 투자해서 우리에게 돈을 다시 돌려준다는 의미에요.

🙎 네, 내가 주식을 산다는 것은 내가 그 회사를 같이 경영한다는 거예요.

🙎 나도 주주총회 그런데도 참가해 보고 싶어요.

🙎 그래, 고은이도 앞으로 돈도 많이 벌고, 투자도 하고, 주식을 많이 가진 주주도 되렴.

🙎 저도 여기서 펀드라는 것을 보고 펀드를 해야겠다는 생각을 했습니다.

중요 - 어린이 경제교육

🙎 나도 키라처럼 모임을 만들어 같이 돈을 모아서 주식과 펀드를 하고 싶다는 생각을 했어요. 키라가 어린이들의 주식을 관리해 주는 거 만든다고 했는데 실제로도 그런 거 있으면 좋겠다는 생각을 했어요.

🙎 아이들이 경제관념을 어릴 적부터 가지면 좋겠죠.

《열두 살에 부자가 된 키라》로 하브루타 워크시트

제목	열두 살에 부자가 된 키라	작성자	
지은이	보도 섀퍼	작성일	

낭독 : 읽어 주고 싶은 부분은 어딘가요? 그 이유는 무엇인가요?
경험 : 비슷하거나 연관된 경험이 있었던 부분이 있나요?
재미 : 희노애락의 감정이 느껴졌던 부분은 어딘가요?
궁금 : 어떤 것이 궁금한가요? (사실적, 사색적, 평가적, 해석적)
중요 : 어떤 것이 중요하게 느껴지나요? 그 이유는 무엇인가요?
메시지 : 작가가 말하고자 하는 메시지는 무엇일까요?
필사 : 적어 두고 다시 보고 싶은 구절은 어디인가요? 그 이유는?

하브루타 전체 소감 :

(A4로 사용했던 워크지를 축소 편집 한 워크지)

* 내가 돈을 벌고 싶은 10가지 이유는 무엇인가요?
1>
2>
3>
4>
5>
6>
7>
8>
9>
10>

위의 10가지 중 가장 중요한 이유 3가지를 적고, 그림으로 표현해 보세요.		
1>	2>	3>

(A4로 사용했던 워크지를 축소 편집 한 워크지)

- 2 -
위대한 부자가 되고 싶다면?
《위대한 상인의 비밀》

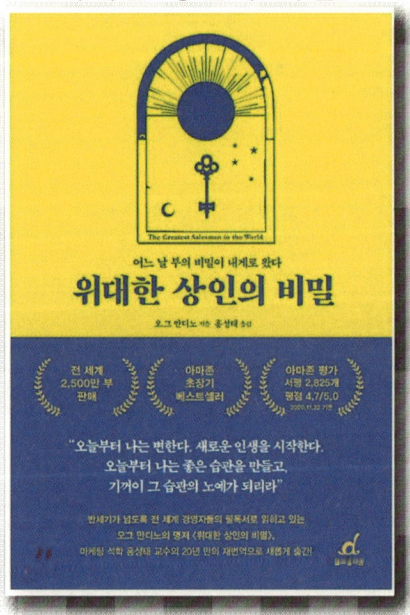

《위대한 상인의 비밀》, 오그 만디노, 월요일의 꿈

《위대한 상인의 비밀》의 저자 오그 만디노는 자살을 고민하던 어느 날 비를 피하려고 들어갔던 도서관에서 나폴레온 힐, W. 클레멘트 스톤과 같은 성공학 거장들의 책을 읽고, 삶을 회복했다. 이 책에서 그는 낙타지기에서 성공한 부자의 이야기로 위대한 부자가 되는 비결을 알려준다.

위대한 상인 '하피드'가 나이가 들자 자신의 재산을 모두 정리하고, 위대한 상인이 되는 10가지 비결을 담은 두루마리를 전해 줄 사람을 기다렸다.

열 가지 두루마리의 내용은 다음과 같다.

"첫 번째 오늘부터 나는 새로운 삶을 시작한다.
두 번째 나는 사랑이 충만한 마음으로 이 날을 맞이하리라.
세 번째 나는 성공할 때까지 집요하게 밀고 나가리라.
네 번째 나는 자연의 가장 위대한 기적이다.
다섯 번째 나는 오늘이 마지막 날인 것처럼 살아가리라.
여섯 번째 이제 나는 내 감정의 지배자가 되리라.
일곱 번째 나는 웃으면서 세상을 살리라.
여덟 번째 오늘 나는 나의 가치를 수백 배 더 키우리라.
아홉 번째 이제 나는 실천하리라.
열 번째 이제부터 나는 기도하리라."

하피드도 원래는 낙타지기였지만, 고대로부터 수천 년 동안 내려왔던 이 10가지 비결을 실천하여 위대한 상인이 되었었다. 이 책을 읽고 그 10가지 비결을 실천하면, 우리도 위대한 사람이 될 수 있다.

《위대한 상인의 비밀》로 하브루타

먼저 **주인공과 줄거리**에 관한 이야기를 나누고 **열 가지 두루마리**에 관해 이야기를 나눴다. 하브루타 키워드 중 **중요**하게 와닿는 중심으로 이야기했다. 아이가 혼자서 줄거리를 술술 잘 말하지 못하면, 생각이 나도록 돕는 질문을 통해 스스로 생각하고 대답하도록 도울 수 있다.

주인공

🧑 위대한 상인의 비밀에서 주인공이 누구였죠?

👩 주인공이 이름은 '하피드'입니다.

🧑 하피드는 어떤 사람이었나요?

👩 착한 사람이었습니다.

🧑 이 책은 하피드가 어떤 일을 하는 이야기였어요?

👩 죽을 때가 됐다고, 하인에게 '비법서'를 주고, 자기를 믿고 열심히 일해준 사람들에게 돈을 나누어 주거나 기부했어요.

🧑 그리고, 하피드가 마지막까지 찾던 사람이 있었지요?

👩 기억 안 나요.

줄거리

🧑 그러면 우리 같이 줄거리를 한 번 이야기 해봐요.

나이가 많이 든 부자 상인 '하피드'는 하인에게 자신의 재산을 나눠주라고 했어요. 그리고 자신이 재산을 모은 비법이 기록된 두루마리 10개를 줄 사람을 찾고 있었어요.

🙂 다음에 옛날에 하피드가 젊었을 때, 처음 장사를 시작한 시절에 관한 이야기가 나와요. 어떤 일이 있었지요?

🙂 글쎄요. 어떤 일이 있었지요?

🙂 하피드가 처음에는 낙타를 모는 사람이었어요.

🙂 음, 맞아. 사랑하는 여자가 생겨서, 그 여자를 위해서 부자가 되고 싶다고 했어요.

🙂 주인에게 그 얘기를 하니까 주인이 무슨 일을 시켰지요?

🙂 장사.

🙂 어디 가서 장사하라고 했지요?

🙂 물건이 잘 안 팔리는 가난한 사람들이 사는 베들레헴에 가서 멋진 옷 한 벌을 팔고 오라고 했어요.

🙂 물건이 잘 팔렸어요?

🙂 베들레헴에 가서 물건을 팔려고 했는데, 못 팔았어요.

🙂 장사 하려고 보니, 자기의 옷은 너무 비싸고 좋은 옷이라서 베들레헴에는 살 수 있는 사람이 없었어요.

🙂 그래서 포기하고 가려다가 마구간에 한 부부가 있는 것이 보였어요.

🧑 그들은 마구간에서 아기를 낳고, 아기에게 자신들의 옷을 덮어 주고, 추위에 덜덜 떨고 있었어요.

👧 그럼 그 아기는 예수님이에요?

🧑 맞아요. 하피드는 떨고 있던 부부에게 자기가 팔려 했던 값비싼 옷을 주었어요. 그리고 '난 이제 망했다' 생각하며 주인에게 돌아왔어요.

👧 하피드는 주인에게 옷을 못 팔았다고 했어요.

🧑 그런데 주인이 말했어요. '네가 올 때 큰 별이 너를 같이 따라왔다. 그리고 나는 이제까지 내 두루마리를 넘겨줄 사람을 찾고 있었다. 그런데 오늘 내가 찾은 것 같다.'

👧 '그게 바로 너다.'

🧑 그치. 두루마리를 넘겨주면서 말했어요. 너는 이것을 가지고 가서 한 달에 하나씩 보면서 그것을 계속 자기 것으로 만들어라. 그 두루마리 안에 있는 내용을 모두 다 자기 것으로 만들면 너는 성공 할 수 있을 것이다'라고 말했어요. 그리고 '나중에 이 비법을 아무한테나 넘겨주지 말고 단 한 사람 준비된 사람에게 주라'고 했어요.

첫 번째 두루마리 - 오늘 나는 새로이 태어난다.

🧑 첫 번째 두루마리는 <mark>좋은 습관이 중요하다</mark>는 뜻이었어요. 부자가 되기 위해서는 좋은 습관을 지녀야 한데요. 좋은 습관이

다른 9개의 두루마리에 하나씩 적혀 있으니, 한 달에 하나의 두루마리를 매일 여러 번 읽고 실천을 하라고 했어요.

두 번째 두루마리 -나는 사랑이 충만한 마음으로 이날을 맞이하리라.

🙂 두 번째 두루마리에는 사랑하라고 했어요. 모든 것을 다 사랑하고, 남의 비판할 거리를 찾지 말고, 칭찬할 거리를 찾으라고 했습니다.

🙂 76페이지에 기록된 이 구절이 좋았어요. '나는 태양을 사랑하리라, 나의 몸을 따뜻하게 해 주니까. 그러나 소낙비도 사랑하리라, 나의 영혼을 깨끗하게 해주니까.~'
('사랑'에 관한 좋은 글들이 많아 많은 부분을 낭독했다.)
사랑이 충만한 게 부의 첫 번째 조건이 된다는 것이 가슴에 와닿았습니다.

세 번째 두루마리 -나는 성공할 때까지 집요하게 밀고 나가리라.

🙂 세 번째 두루마리에는 뭐라고 기록되어있지요?

🙂 세 번째 두루마리는 **성공할 때까지 여러 번의 실패를 거쳐야 한다고** 말합니다.

🙂 고은이 마음에 와닿는 구절을 읽어보세요.

🙂 마음에 와닿는 구절은 '나는 항상 한 발자국 더 걸으리라. 그것이 헛걸음이었다면 한 발자국 더 걷고. 그것도 아니라면

한 발자국 더 걸으리라. 한 발자국 더 걷는 것은 그리 어려운 일이 아니다.'입니다

서로 마음에 와닿는 구절을 여러 개 나누었다. 책에 쓰인 문장들과 비유들이 산문시같이 아름답고 감동이 되었다. 책에서 하피드의 주인이 말한 대로 한 달에 하나의 두루마리씩 매일 읽어도 좋을 거 같다.

네 번째 두루마리 - 나는 자연의 위대한 기적이다.

🧑 그다음 네 번째 두루마리 말해주세요.

👧 '나는 자연의 위대한 기적이기 때문에 모든 어려움을 이기고 위대한 상인이 될 것이다'라는 내용이에요.

🧑 자존감에 관한 얘기 같죠. 나는 하나님이 만드신 위대한 기적인 것을 아는 것이 중요해요.

🧑 89페이지 '나는 더 이상 다른 사람을 흉내 내는 쓸데없는 수고를 하지 않을 것이다. 대신에 나의 독특함을 시장에 진열대에 올려놓을 것이다. 지금부터 나는 다른 사람과 유사한 점을 감추고 차이점을 강조하겠다.' 다른 사람과 비교 말고, 나답게 살아야겠다는 생각이 들었어요.

다섯 번째 두루마리 - 나는 오늘이 마지막 날인 것처럼 살아가리라.

👧 다섯 번째 두루마기 다섯 번째 두루마기 뭐예요?

🙂 '오늘이 마지막인 것처럼 시간을 낭비하지 말아라. 오늘은 오늘의 일만 하고, 내일의 걱정과 일은 내일이 맡겨라.'

🙂 고은이는 오늘이 마지막 날이라면 무엇을 하고 싶어요?

오늘이 마지막 날이라면 무엇을 하고 싶은지와 무엇이 후회될 거 같은지, 어떻게 죽음을 준비해야 할지 깊이 있는 이야기를 나누었다.

여섯 번째 두루마리 -이제 나는 내 감정의 지배자가 되리라.

🙂 이제 여섯 번째 두루마리가 뭔지 얘기해 주세요.

🙂 내 감정을 잘 지배해야 한다는 말입니다.

🙂 어떻게 감정의 지배자가 될 수 있을까?

🙂 글쎄요.

🙂 그러면 102페이지 중간 부분에 적힌 내용에 따르면, 우울한 마음을 어떻게 다스릴 수 있을까요?

🙂 흥겨운 노래를 불러요.

🙂 슬플 때는?

🙂 큰 소리로 웃어요.

🙂 아픔을 느낄 때는?

🙂 두 배로 일해요.

🙂 두려움이 느껴질 때는?

🙋 과감하게 돌진해요.

🙂 열등감이 느껴질 때는?

🙋 새 옷으로 갈아입어요.

🙂 무능력함이 느껴질 때는?

🙋 지난날의 성공을 기억해요.

🙂 그게, '성공 일기'를 쓰는 이유이지.
　　가난함을 느낄 때는 어떻게 해야 하지?

🙋 다가올 부를 생각해요.

🙂 삶이 무의미하게 느껴질 때는?

🙋 내 목표를 되새겨요.

🙂 자만심에 들뜰 때는?

🙋 약했던 순간을 기억해요.

🙂 많은 돈을 벌었다고 생각되는 순간에는?

🙋 굶주린 사람들을 돌아보아요.

🙂 내 기술이 으뜸으로 생각될 때는?

🙋 하늘의 별을 쳐다보아요.

🙂 그렇게 감정을 잘 다스리면 좋겠네요..

일곱 번째 두루마리 - 나는 웃으면서 세상을 살리라.

😊 그다음에 일곱 번째 두루마리는 뭐였어요?

😊 웃으며 살라는 내용입니다.

😊 107페이지에 '이 또한 이 또한 지나가리라. 좋은 일도 나쁜 일도 이 또한 지나가리라. 세상일은 다 지나가기 마련이다. 가난에 얽매일 때도 다 지나간다고 자신을 북돋을 것이며, 내가 많은 재산을 모았을 때도 다 지나간다고 나 스스로에게 말하여라', '나는 웃음으로 오늘을 채색하리라' 이 말이 너무 좋았어요. 웃음으로 오늘을 색칠한대요.

여덟 번째 두루마리 -오늘 나는 나의 가치를 수백 배 더 키우리라.

😊 여덟 번째 두루마리는 무엇인가요?

😊 나의 가치를 키우라는 내용입니다.

😊 어떻게 나의 가치를 키울 수 있을까요?

😊 계획을 세워서 열심히 실천해요

😊 '나의 창이 한 마리 독수리를 겨냥하다가 바윗돌에 빗맞는 것보다 차라리 저 하늘의 달을 겨냥하여 한 마리의 독수리를 맞추는 편이 낫지 않았을까?' 목표를 높이 가지라는 거죠. 열심히 그만큼 실천하면 할 수 있겠죠.

아홉 번째 두루마리 - 나는 웃으면서 세상을 살리라.

🧒 9번째 두루마리는 뭐죠?

👧 실천하기

🧒 지도가 아무리 정교하고 세밀하다 해도 그 땅을 열심히 가꾸지 않으면 얻을 수 없죠. 법이 아무리 잘 만들어져 있더라도 범죄를 예방할 수 있는 건 아니죠. 실천해야 하죠.

👧 네

🧒 나의 꿈과 계획이 아무리 잘 세워져 있다고 해도 그냥 이루어지는 게 아니죠. 실천해야 하죠.

👧 네

마지막 두루마리 - 이제부터 나는 기도를 하리라.

🧒 마지막 두루마리는 뭐예요?

👧 기도하는 것이에요.

🧒 123페이지 '도움을 구하는 것이 아니라 단지 인도를 바랄 뿐이다.' 하나님에게 '나 이것을 해야 하니까 도와 주세요'가 아니라, '내가 무엇을 해야 하는지 가르쳐 주시고 인도해 주세요'. 하나님의 뜻대로 살도록 기도해야 해요. 하나님의 뜻대로 가면 잘 살 건 분명하니까. 좋은 건 분명하니까. '도움을 구하지 말고 인도를 구하라' 이 말도 되게 좋았던 것 같아요.

결말

🧑 노인에게 누가 찾아왔죠?

👧 사도 바울이 예수님의 음성을 듣고 찾아왔어요.

👦 성경에는 없는 동화이지만, 감동적이었어요. 하피드가 베들레헴 아기 예수님에게 덮어 주었던 값진 옷을 사도 바울이 들고 나타났어요. 하피드는 사도 바울에게 10개의 두루마리가 담긴 상자를 주었지요. 복음을 전할 때도 이렇게 하라는 거죠. 어떻게? 10가지 두루마리 내용이 뭐였죠?

👧 첫 번째가 습관, 두 번째가 사랑, 세 번째가 인내, 네 번째가 자존감, 다섯 번째는 오늘이 마지막인 것처럼 살기, 여섯 번째 감정의 지배자가 되기, 일곱 번째는 웃으면서 살아가기, 여덟 번째 나의 가치를 키우기 아홉 번째는 실천하기, 그리고 마지막은 기도하기.

중요 - 무엇보다 중요한 건 마음의 평온

🧑 끝내기 전에 자신에게 **중요**해 보이는 부분 말해요. 엄마는 29페이지에 "**삶의 목표가 재물이 되어서는 안 된다네.** 자네의 말은 거창하나 그것은 단지 말일 뿐이야. 진정한 부는 마음에 쌓이는 것이지 지갑에 모이는 것이 아닐세. **부를 좇지 말고 부자가 될 목적으로 일하지 말게나. 그 대신 행복을 위해 힘쓰고 사랑하기 위해 노력하게. 그리고 무엇보다 중요한 것은 마음의 평온을 얻는 일이라네.**" 이 부분이 제일 중요한

거 같아요.

🙍 저는 계획한 걸 행동으로 옮기고(실행), 열정을 가지고 포기하지 않아야 한다는 것과 좋은 습관을 갖는 것이 중요하다고 생각됩니다.

🙎 자, 이제 마인드맵으로 열 가지 두루마리를 정리해 봐요.

* 고은이의 《위대한 상인의 비밀》 마인드맵 *

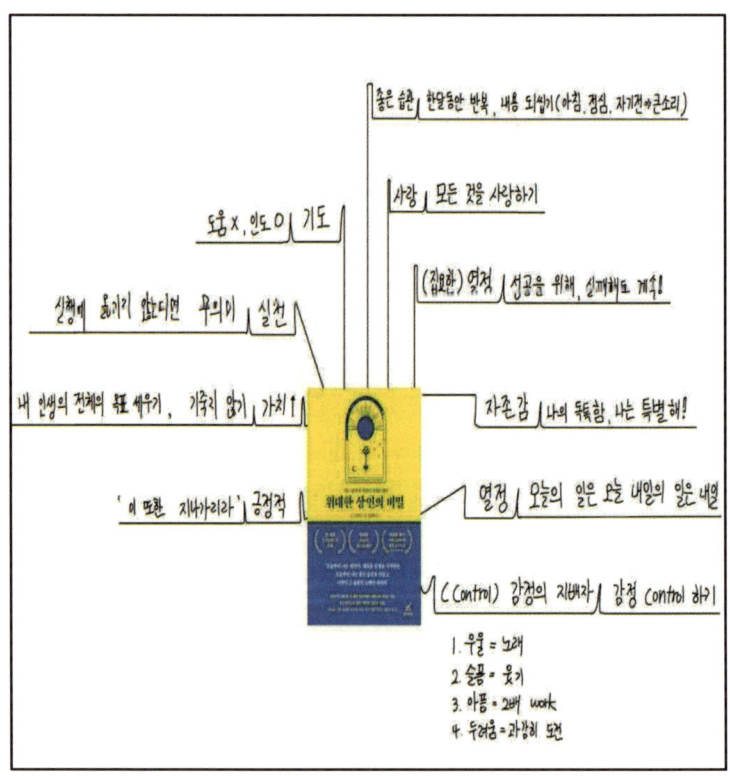

《위대한 상인의 비밀》로 하브루타 워크시트

제목	위대한 상인의 비밀	작성자	
지은이	오그 만디노	작성일	

《위대한 상인의 비밀》 10가지를 마인드맵을 정리해 보세요.

자신에게 중요하게 와닿는 구절을 적어보세요.

어떤 면이 중요하게 느껴지나요?

(A4로 사용했던 워크지를 축소 편집 한 워크지)

- 3 -
부자가 되는 생각은 뭘까?

《웰씽킹》

《웰씽킹》, 켈리 최 지음, 다산북스

　《웰씽킹》은 3년 전쯤 둘째 아들이 소개해 준 책이다. 유튜브에서 '켈리 최'의 강의를 듣던 아들은 내게도 유튜브 영상을 공유해 주며 한번 봐 보라고 했다. 어려운 역경 가운데서도 사업가로서 자신의 꿈을 성취하고 이제는 다른 사람들에게도 그 기쁨을 나누고 있는 켈리 최의 삶이 멋있어 보였다.
　경제 관련 서적은 즐겨읽지 않지만, 아들을 따라 책도 읽었다. 아들이 좋아하는 사람을 함께 좋아하고, 그 사람의 책을 함께 읽고 이야기를 나누는 것은 참 행복한 일이다.

《웰씽킹》은 부자에 관한 내 생각을 바꾸어 주었다. 진정한 부자는 돈뿐만 아니라, 인격도 부자여야 하고, 자신만을 위하지 않고 사회에 공헌하는 것을 중요하게 생각하는 사람이다. 그러고 보면 성경에 나오는 아브라함도 욥도 이웃을 돌보는 진정한 부자들이었다.

"내가 생각하는 부자란 이렇다. 착한 사람, 남을 돕는 사람, 사랑할 줄 알며 사랑받을 줄 아는 사람, 존경받는 사람, 너그러운 사람, 열심히 살아온 사람, 친구가 되고 싶은 사람, 주변을 보살피는 사람, 지혜로운 사람, 사람을 살리는 사람, 자기 결정권이 있는 사람, 사회의 이익을 위해 앞장서는 사람…"(p.111~112)

이런 부자라면 나도 하고 싶다는 생각이 들었다. 《웰씽킹》에서 켈리 최는 부자가 되려면 7가지 생각의 뿌리(핵심가치 세우기, 결단력, 선언, 믿음, 신념, 확신, 올바른 질문)가 있어야 한다고 한다. 또 웰씽킹의 정수는 생생하게 생각하는 시각화라고 한다.

고은이도 부자가 되고 싶은 아이여서 훌륭한 부자가 되기를 바라는 마음으로 같이 《웰씽킹》 하브루타를 했다.

《웰씽킹》으로 하브루타

《웰씽킹》을 읽고 세 번 나누어 3주 동안 하브루타 했다. 하브루타 과정은 첫 번째 하브루타만 소개하고, 워크시트는 3주 모두 실어놓았다. 첫 주는 '기도'로 시작하고, '**7 키워드**'(낭독, 경험, 재미, 궁금, 중요, 메시지, 필사) 중에 낭독, 경험, 재미, 중요, 메시지를 질문하고 답하면서 하브루타를 했다.

시작 기도

- "하나님, 고은이와 하부르타를 하려고 합니다. 웰싱킹을 읽고 느낀 점을 서로 얘기하려고 하는데, 주님께서 지혜를 주셔서, 우리가 깨달아야 할 것을 깨닫고, 실천할 것을 실천하게 해주세요. 예수님 이름으로 기도합니다."

낭독

- 자 '**낭독**'하고 싶은 거 말해 보세요.

- 97페이지에 '**부자는 돈과 공헌, 그리고 인격을 갖춰야 한다**'라고 했어요. 인격은 좋지 않지만 자기가 부자라고 잘난 척하는 사람들은 진정한 부자가 아니라는 거를 알게 됐어요. '나는 진정한 부자가 되기 위해 돈과 공헌과 인격을 갖춰야겠다'라는 생각이 들었어요.

🧑 그래요. 엄마도 돈만 많으면 부자인 줄 알았는데, 돈만 많으면 진정한 부자가 아니란 것을 알았어. 태은이 오빠가 처음에 와서 이 부분 정말 감동적이라고 많이 말했거든. 엄마도 많이 공감되었어.

경험

🧑 읽었던 부분과 관련된 '경험'이 있었나요?

👧 실패한 경험이 있었어요.

🧑 어떤 실패를 했나요?

👧 물건을 교환하기로 해서 갔는데, 그 사람이 나오지 않았어요.

🧑 교환하기로 했는데 그러면 안 되지. 속상했겠다.

👧 또, 켈리 최가 프랑스로 패션을 배우러 간 것이 나의 미래에 경험되지 않을까 하는 생각이 들어요.

🧑 고은이도 프랑스 가고 싶어?

👧 아직은 모르겠지만, 꼭 프랑스가 아니더라도 공부하러 외국에도 나갈 수도 있을 거 같아요. 좀 걱정이 되기도 해요. 만약 내가 할리우드에서 배우들이 만드는 의상을 만드는데 회의를 하는데 못 알아들어서 잘못 만들면 어떻게 해요? 그래서 그냥 한국에 있는 것이 나을 거 같기도 하고.

🧑 영어를 공부하면 되지.

🙂 그래도 내가 모르는 게 있을 수 있을 거 아니에요.
내가 한국인이어도 한국말 중에도 모르는 게 있잖아요.

🙂 그러니까 깨지면서 배우는 거지.

고은이는 어떤 종류의 옷을 어떻게 만들고 싶은지와 미래 하고 싶은 일들에 관해 다양하게 상상하며 한참을 말했다.

🙂 45페이지에 '패션의 나라 프랑스로 향했다.' 이걸 보면서 그렇게 많은 경험을 상상했다는 거죠.

🙂 네

🙂 멋지네요.

재미나 감동

🙂 '재미' 있었던 부분이 있었어요? 재미나 슬프거나 감동적이거나 그런 부분이 있었어요?

🙂 10억 빚을 지게 되었다고 했을 때 슬펐어요.

🙂 맞아, 나는 33페이지에서 친구 '영숙'이가 백설기를 급하게 먹고 죽었다는 것이 너무 슬펐어요.

🙂 맞아요, 나도 그 친구 이야기가 너무 슬펐어요. 33페이지에서 숨을 헐떡이며 버스에 올라탄 영숙이가 버스에서 내리

지 못했다는 부분이 너무 슬펐어요.

🧑 애들이 공부하고 싶어서 낮에는 그렇게 열심히 일하고, 밤에는 그렇게 열심히 공부했는데…

👩 '나는 학교 가기 싫어하는데 이 사람은 그렇게까지 치열하게 학교 가고 싶구나'라는 생각이 들었어요. 또 이 부분 읽으며 '내가 학교를 만들어 보면 어떨까?'라는 생각이 들었어요. '장학금 제도 같은 걸 만들어서 돈이 없어도 마음껏 배우면서 다양한 직업을 체험할 수 있는 학교를 만들면 좋겠다'라는 생각이 들었어요.

🧑 와! 좋은 생각이다.

중요- 실패를 두려워 말고 일단 시도하라!

🧑 그러면 고은이에게 '중요'하게 와닿는 구절은 어떤 구절이에요?

👩 54페이지에서 '실패를 두려워하지 말고 일단 시도를 해보고 실패를 하면 그것을 통해서 또 배워서 다시 시도해 볼 수 있다. 용기를 가져라'라는 말이 좋았어요.

🧑 아무것도 하지 않으면 아무 일도 일어나지 않지.

👩 0레벨로 계속 살 것이냐 아니면 레벨업을 해서 마이너스가 되더라도 또다시 레벨 업업업 해서 뻥 올라가서 백 레벨이 될 것이냐 그런 거래요.

중요- 1000명의 사람을 스승으로 삼아라.

🙍 65페이지 '나는 1000명의 스승을 아주 먹어버려서 내 것으로 만들려고 노력했다'라는 부분에서 살아있는 사람들을 보면서 배우잖아요. 그런데 '코코 샤넬'이 죽었잖아요. 그러면 나는 어떻게 하죠?

🙍 아, 롤모델! 살아있는 패션 디자이너도 많잖아.

🙍 스크랩북도 만들고 싶어요. 그런데 정보도 없고.

🙍 인터넷에서 네가 좋아하는 사람들을 패션 디자이너들을 먼저 찾아봐. 다양한 작품들도 보고.

🙍 시간이 별로 없어요. 1학년은 자유 학년제여서 진로를 찾아가는 거라면서 공부를 왕창 시켜서 진로를 찾을 시간이 없어요. 방법도 잘 모르겠어요.

(고은이는 디자인과 진로에 관한 이야기를 한참 더 했다.)

🙍 자, 다시 책으로 돌아가서, 고은이는 이 책을 읽으며 무엇이 중요하게 와 닿았어요?

🙍 스크랩북 만들기요.

중요- 부자가 되고 싶으면 부자 생각, 웰씽킹

🙍 고은이가 책을 읽으며 줄을 많이 그었네. 줄 그은 것도 좀 읽어 줄래?

🙍 7페이지에서 부자가 되고 싶으면 부자의 생각을 하라.

🙍 부자 생각이 뭔데?

🙍 켈리는 자신이 깨달은 것을 실천하며 세상을 조금 더 살만한 곳으로 만들기 위해 노력했어요. 많은 사람이 자기만을 위해서 살았다면 세상이 발전하지 못했다고, '자기만 위해 살지 말고 지구를 위해 살아야 한다'라고 말해요.

🙍 공헌

🙍 응, 여기 켈리 최는 세계여행 간다고 하는데 나도 세계여행 가고 싶어요.

🙍 켈리 최는 세계 여행하면서 유튜브에 올렸지.

🙍 또 이 부분 좋았어요. '내가 꼭 해낼게. 우리도 뭐든 할 수 있고, 뭐든 될 수 있다는 걸 세상에 반드시 보여줄게.'

🙍 38페이지에서 죽은 영숙이에게 한 말이지.

중요- 버려야 할 세 가지의 나쁜 습관

🙍 또, 55페이지에서 세 가지 나쁜 습관이 음주, 유희, 파티래요. 제가 술은 안 마셔요. 근데 우리가 유희(드라마)를 보잖아요. 하지만, 저는 절제 할 수 있어요. 그래서 괜찮아요. 그리고 파티는 제가 돈이 없어서 못해요. 그러니까 그냥 시간을 잡아먹지 말아야겠다고 생각했어요. 그래서 '매일 조금

씩만 성장하면 된다고 했으니까, 매일 조금씩 책을 읽고 조금씩 알아가는 시간을 가져보자' 생각을 했어요.

🙂 고은이가 끊어야 할 건 뭘 것 같아?

🙂 몰라. 여기 적혀 있잖아요. 음주, 유희, 파티.

🙂 그건 이미 성공한 부자인 켈리 최가 끊어야 할 것이었고, 끊어야 할 것이 사람마다 다를 수 있지. 우리가 끊어야 할 것은 뭘까?

우리는 각자 자신이 끊어야 할 것 세 가지를 말했다.

중요- 내가 성공하고 싶은 최고의 사람을 스승으로

🙂 63쪽에서 내 부모, 형제, 친구에게 인생을 상담하지 말래요.

🙂 왜?

🙂 알지도 못한대요. 만약에 변호사에 관한 상담이 필요한데 법에 대해서 하나도 모르는 엄마에게 물어도 엄마는 잘 모르니깐요.

🙂 그럼 어떻게 해야 해?

🙂 다른 사람, 그 분야의 최고인 사람에게 가서 상담하래.
최고의 스승을 찾고, 그 스승을 팔로우하고, 스스로 생각하고 연습하고.

🧑 태은이 오빠가 그렇게 다 했지. 태은이 오빠가 책에서 찾고 유튜브에서 자기가 생각하는 분야의 리더들을 찾고, 직접 연락하고…

👧 진짜? 그래서 연결됐어?

🧑 그래서 세인트존스 대학교(St. John's college) 졸업생하고 지금 독서 토론하게 됐잖아.

👧 세인트존스가 뭐야?

🧑 오빠가 가고 싶은 대학교. 그 학교 졸업생들이 독서 모임 한 것을 유튜브에 올린 것을 보고 오빠도 하고 싶다고 했지.

👧 어떻게 연락한 거야?

🧑 유튜브에 댓글 있잖아.

👧 멋지네요.

🧑 엄마도 히브리어와 헬라어 공부를 하고 싶은데 혼자 하니 힘들어서 유튜브에서 찾았어. 유튜브에 정정우 목사님이 히브리어와 헬라어 문법 강의를 정말 잘 하시는 거야. 유튜브에서 강의를 듣다 보니 강사님이 "모르는 거 있으면 언제나 질문하세요." 하시잖아. 그래서 유튜브 댓글로 질문을 했어. 그러니까 정정우 목사님이 답장해 주셨어. "강의 자료도 좀 보내주실 수 있나요?" 물었더니 다 주시는 거야. 그 뒤 구글 미트로 들어가서 매주 수업을 듣잖아. 스승을 찾아야 해.

중요- 목표를 분명히 하라.

🙍 또 76페이지에서 '목표를 분명히 하라'고 했어요.

🙍 엄마가 이 책의 이 부분을 읽을 때쯤 알렉산더 대왕과 다리우스 대왕의 전쟁에 관한 영상을 보게 되었어. 알렉산더보다 다리우스 왕이 이끄는 페르시아 쪽이 10배는 더 많았어. 그런데 알렉산더가 이겼어.

🙍 알렉산더가 그리스지. 그리스 쪽은 사상자가 166명인가 하는데 페르시아 쪽은 사상자가 4000명이 넘었데.

🙍 어떻게 알았어?

🙍 오늘 배웠어.

🙍 근데 고은아 어떻게 알렉산더 왕이 다리우스 왕을 이긴지 알아?

🙍 글쎄.

🙍 알렉산더는 다리우스만 공격했어. 몇만 명이 있는데도 오직 다리우스에게만 집중했어.

🙍 옆에서 누가 쳐버리면 어떻게?

🙍 그러니까 막 몸에 피가 철철 나고 막 다쳐가면서도 끝까지 다리우스만 쫓아갔어.

🙍 죽을 수도 있잖아.

🧑 죽을 수 있는데 그렇게 했다니까. 알렉산더가 다리우스를 이겼던 것은 그 목표 때문이었대. 근데 다리우스 왕은 막 도망갔어. 자기 군사가 훨씬 많은데도 젊은 남자애가 눈을 부라리면서 막 미친 듯이 쫓아오니까 도망을 가버렸어.

👧 나도 오늘 신념을 가지고 곰보 빵을 한 다섯 번 가서 얻어 먹었어.

🧑 어디서 빵을 먹었어?

👧 급식 시간에 빵이 너무 맛있잖아. 더 먹고 싶어 갔는데, 사람이 많아서 안 된대. 좀 있다가 또 갔잖아. 아직 사람이 많아서 다시 가서 사람이 또 있는 거야. 다시 가서 있는 거야. 다시 가서 먹었어.

🧑 잘했네. 그렇게 목표를 가지고 하는 거야.

👧 근데 살쪘어. 그래서 오늘 목표를 가지고 운동장을 세 바퀴 돌았어.

🧑 잘했어. 목표를 분명히 하는 것이 중요하데.

👧 나는 목표가 미성년자로 19세 때까지 1억 이상 벌기!

🧑 어떻게 돈을 벌 건데?

👧 그림 도안을 그려서 팔고, 집에서 용돈을 벌고.

🧑 돈 버는 것도 중요한데 더 중요한 게 있는 거 알지?

👧 뭐야?

🙂 너의 가치를 높이는 거. 태은이 오빠가 얘기했잖아. 지금 네 나이 때는 너의 가치를 높이는 게 제일 중요하다고.

🙂 어떻게 해야 하는데?

🙂 공부를 많이 해야지.

🙂 푸우우우

🙂 아니, 꼭 학교 공부 아니더라도 네가 원하는 방향의 공부를 하는 거야. 예를 들면 네가 패션을 하고 싶다면 그런 스타일에 대해 진짜 열심히 파고들고 공부하는 거야.

🙂 그걸 어디서 배워?

🙂 인터넷에서, 유튜브에서 배울 수 있지.

🙂 '캐치'하고 '빈티지' 그런 게 있는데. 내가 다꾸(다이어리 꾸미기)나 그런 걸 하다 보면 그런 단어가 나와. 그걸 검색해 보면 나오긴 하는데 일일이 다 찾아볼 수 없어요. 그래도 이제 조금은 알아요. 큰오빠가 빈티지 느낌의 옷을 입는 것을 알게 되었어요. 빈티지가 약간 할아버지 느낌, 옛날 느낌의 옷이에요.

🙂 오빠가 할아버지가 느낌이 나?

🙂 아니, 빈티지가 오래된 것 같은 옛날 느낌이라고. 오빠는 파스텔 톤의 옷을 좋아하는데 그게 빈티지 느낌이야. 예전에는 고딩 같았다면 지금은 대학생 같아.

🧑 그래, 지금은 네 가치를 높이는 게 중요해. 지금은 파는 것이 중요하지 않고, 일단 네 가치를 높이는 것이 중요해.

👧 어떻게?

🧑 많이 배우고 책을 많이 읽어서 다양한 상상력과 사고력을 기르는 게 중요해.

👧 네네

🧑 이제 엄마가 '**중요**'하게 생각되었던 거 말할게.

중요- 삶의 목적

🧑 35페이지에서 영숙이가 죽었을 때, 이렇게 살다 죽으려고 태어난 거 아니라고 원망했잖아.

그때 '나는 왜 태어났을까?', '나에 대한 하나님의 계획과 뜻은 무엇인가?' 생각해 봤어. 그러면서, '나는 하나님의 자녀', '나는 하나님의 종', '나는 예수님의 거룩한 신부', '나는 열심히 제자 삼아야겠다', '가서 제자 삼으라' 그거 생각이 났어.

고은아, 고은이도 돈 버는 것도 중요하지만, 그 돈의 주인이 하나님인 것을 잊지 않으면 좋겠어.

👧 네!

🧑 우리는 하나님의 청지기! 모든 것을 하나님께서 기뻐하시

는 방향으로 쓰는 거야. 그리고 켈리 최의 엄마가 켈리 최에게 한 말, '네가 오죽이 잘 알아서 결정했겠냐?', '엄마는 너를 믿어', '너는 잘 할 거야' 좋았어. 엄마도 오빠들을 그렇게 믿어 줬거든. 고은이도 잘 할 거라고 믿어.

🙍 나는 디자이너가 될 거예요.

🙍 고은이가 잘 할 거라고 믿어.

중요- 스승처럼 생각하는 연습을 하라.

🙍 또, 66페이지에서 스승처럼 생각하는 연습을 하라고 해서 엄마도 멘토를 6명을 찾았어.

🙍 누구?

🙍 예수님, 예수님은 인간으로서 어떻게 살아야 하는지 완벽한 모델이 돼 주셨잖이. 그 다음에 엄마.

🙍 엄마?

🙍 엄마의 엄마. 기도하시는 모습 그리고 하나님 말씀대로 사는 모습. 그 다음에 정정우 목사님. 유튜브에서 만난 헬라어와 히브리어 가르치시는 목사님. 그리고, 윤혜성 마스타님이라고 있어. 이분은 엄마한테 보물찾기 가르쳐 주신 분인데 그분이 따뜻하고 똑 부러진 카리스마로 정말 잘 가르치고 멋있어서 좋아해. 그리고, 김윤희 교수님이 있어. 그분은 여자분인데 구약학 교수님이셔. 정말 성경에 대해서 잘 가르

쳐 이 사람들처럼 되고 싶어. 그리고, 마지막으로 유현심 대표님이신데, 그분은 엄마에게 하브루타를 가르쳐 주셨어. 마음도 따뜻하시고 하브루타도 잘 가르치시는데, 매년 책을 쓰셔. 대단하지 않니?

🙂 엄마도 앞으로 그러면 되지. 나도 있어. 코코 샤넬과 코코 샤넬 다음에 망해 가던 코코 샤넬을 살렸던 책 많이 읽는 남자 디자이너, 그리고 예수님.

🙂 칼 라거펠트. 앞으로 더 찾아봐. 코코 샤넬도 칼 라거펠트도 다 돌아가신 분들이니까 살아있는 사람 중에서도 찾아봐.

🙂 그 남자분도 돌아가셨어?

🙂 응, 돌아가셨어. 또, 돌아가셨지만 우리나라에도 화려한 드레스를 만드시던 앙드레 김이라고 유명한 디자이너가 계셨지.

🙂 아! 용인 외대부고 교복 만드신 분?

🙂 맞아. 앙드레 김은 원래 너무 가난해서 힘들게 살았던 분인데 스스로 공부해서 자수성가한 사람이야.

중요- 꿈을 이루기 위한 일곱 가지 법칙

🙂 꿈을 이루기 위한 일곱 가지 법칙도 좋았어(76~82페이지).
"첫째, 목표를 분명히 하라. 둘째, 데드라인을 정한다.
셋째, 구체적으로 상상한다. 넷째, 액션플랜을 세운다.
다섯째, 나쁜 습관 세 가지를 버린다. 여섯 번째, 보이는 곳마다 한 문장으로 정리된 꿈을 적어둔다. 일곱 번째, 매일 꿈을 100번 이상 외친다." 엄마도 오늘 엄마 목표를 적어서 카톡방에 올렸어. 다른 사람이 봤는지 안 봤는지 모르겠지만.

🙍 정말 웃긴다. 누가 봤는지 안 봤는지 모르겠지만.

🙍 이 부분도 좋았어. 111페이지 "내가 생각하는 부자는 이렇다. 착한 사람, 남을 돕는 사람, 사랑할 줄 알면서 사랑받을 줄 아는 사람, 존경받는 사람, 너그러운 사람, 열심히 살아온 사람, 친구가 되고 싶은 사람, 주변을 보살피는 사람, 지혜로운 사람, 사람을 살리는 사람, 자기 결정권이 있는 사람, 사회의 이익을 위해 앞장서는 사람, 동물을 아끼는 사람, 환경을 보호하는 사람"과 112페이지 "내가 생각하는 돈이란 이렇다. 많아야 하는 것, 남을 도울 수 있는 수단, 있으면 편리한 것, 대부분의 해결책, 꼭 있어야 하는 것, 노력의 결과, 나눌 수 있는 것, 보람의 상징, 병을 고치게 해주는 것, 여유로움, 엄마에게 주고 싶은 것"이 부분이 아주 감동되었어.

🙍 내게 돈이란 하고 싶은 걸 할 수 있는 것, 이용수단.

🙍 그리고 부자가 되기 위해서 중요한 것은 얼마나 얼마를 버는가보다 어떻게 쓰느냐가 더 중요하대. 그 글이 마음에 와 닿았어. '당신의 수입의 몇 퍼센트를 저축하는가? 어떤 투자를 공부하고 있는가? 당신의 꿈을 위해 종자돈은 얼마인가?' 지출을 통제하는 게 중요하대. 아무리 많이 벌어도 그만큼

그대로 나가버리면 끝이잖아.

메시지

🧑 작가가 말하고자 하는 '**메시지**'는 무엇인 것 같아요?

👧 부자가 되려는 게 그냥 무조건 돈을 벌어야 한다는 목표가 아니라, 몇 년 안에 무엇을 위해 얼마를 번다는 분명한 목표를 가져야 한다는 거 같아요.

🧑 맞아. 또 진정한 부자란 돈과 공헌, 인격을 갖추어야 한다는 것을 말해 주는 거 같아.

소감과 실천할 사항

🧑 자 이제 전체적인 '**소감**'과 자기가 '**실천**'하고 싶은 거 한 가지만 말합시다.

👧 스크랩북 만들기. 내 롤모델에 관한 게 아니더라도 디자인에 관한 스크랩북을 만들어 보고 싶어요. 내 꿈과 미래 학교에 관한 것으로 스크랩북을 만들고 싶어요.

🧑 좋은 생각입니다.

마침 기도

🧑 이제 기도하고 마치겠습니다.

🧑‍🦰 하나님, 사람들을 위하여 사는 삶을 살게 해주시고 돈과 공헌과 인격을 골고루 구비한 부자가 될 수 있게 해주세요. 그리고 사람들을 돕고 사는 사람이 될 수 있게 해주세요. 그리고 여유로운 돈과 시간을 가지게 해 주세요. 예수님의 이름으로 기도합니다. 아멘.

🧑 하나님, 하나님이 주신 것에 늘 감사하게 하시고, 모든 것이 하나님의 것임을 잊지 않게 하소서. 하나님이 주신 이 땅에 하나님의 사랑을 전하며, 선한 영향력을 끼치는 우리의 삶이 될 수 있도록 우리에게 건강을 더해주시고, 지혜를 주소서. 하나님을 경외하며, 겸손히 순종함으로 돈과 건강과 시간을 잘 관리할 수 있도록 절제와 지혜를 더하여 주시옵소서. 예수님 이름으로 기도합니다. 아멘.

고은이 덕분에 돈이나 경세, 부에 대해서 아무런 생각이 없었던 나도 돈에 대해 경제에 대해 진정한 부에 대해 생각해 볼 수 있었다. 고은이와 함께 하나씩 실천하다 보면 진정한 부자가 되지 않을까 기대해 본다.

《웰씽킹》으로 하브루타 워크시트 1

제목	웰씽킹	작성자	
지은이	켈리 최	작성일	

낭독, 경험, 재미, 궁금, 중요, 메시지, 필사할 내용을 기록하세요.

하브루타 전체 소감 :

(A4로 사용했던 워크시트를 축소 편집한 워크시트)

《웰씽킹》으로 하브루타 워크시트 2

제목	웰씽킹	작성자	
지은이	켈리 최	작성일	

웰씽킹(부를 창조하는 생각의 뿌리 7개)를 마인드맵으로 그려보세요.

웰씽킹
(부를 창조하는
생각의 뿌리)

웰씽킹의 6가지 시각화의 방법을 마인드맵으로 그려보세요.

웰씽킹의 6가지
시각화 방법

자신에게 중요하게 와닿는 구절을 적어보세요.

어떤 면이 중요하게 느껴지나요?

(A4로 사용했던 워크시트를 축소 편집한 워크시트)

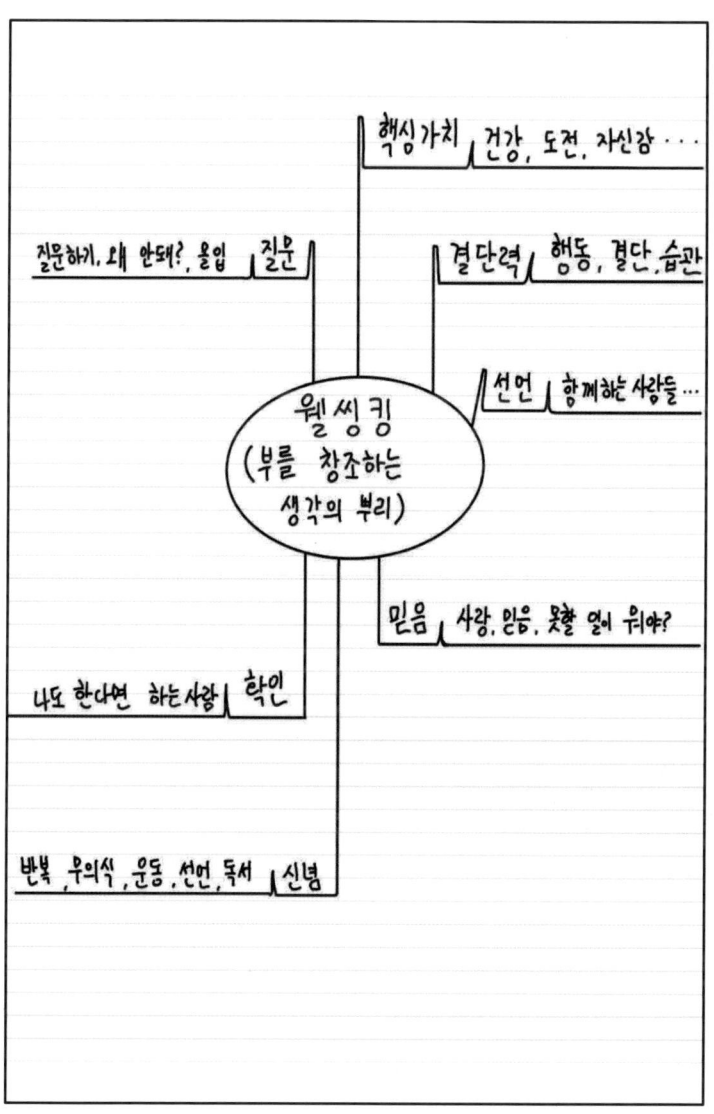

<고은이가 그린 '부를 창조하는 생각의 뿌리' 마인드맵>

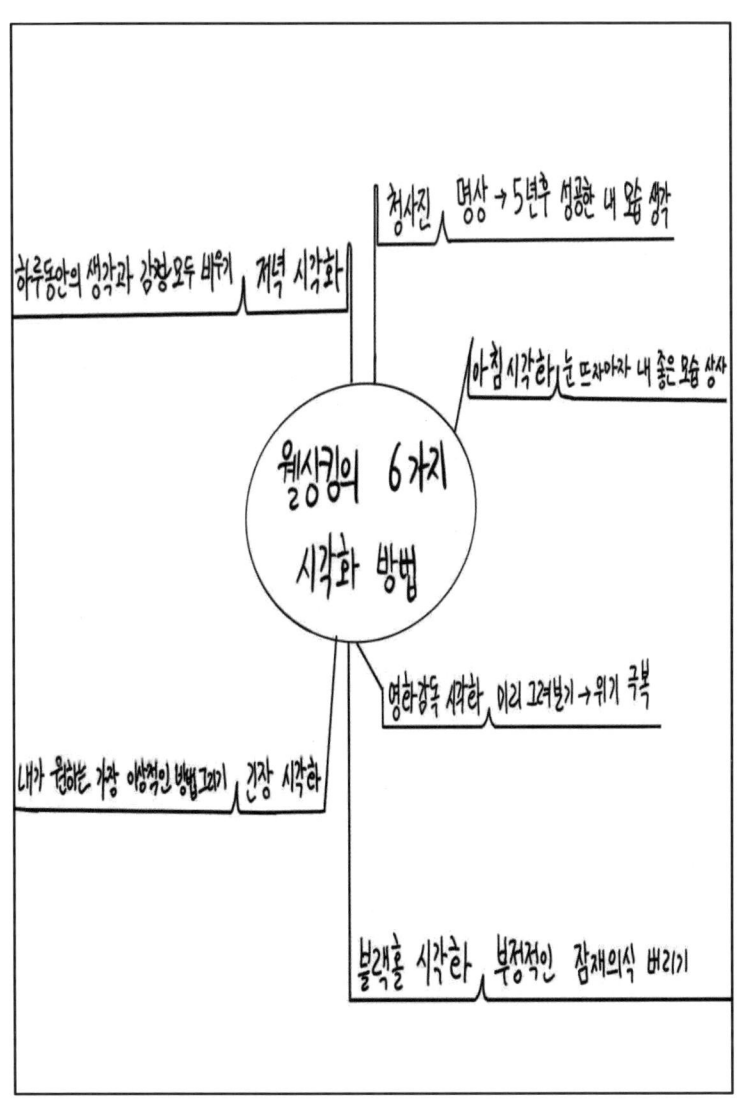

<고은이가 그린 '웰씽킹의 6가지 시각화 방법' 마인드맵>

《웰씽킹》으로 하브루타 워크시트 3

제목	웰씽킹	작성자	
지은이	켈리 최	작성일	

나의 인생의 수레바퀴를 자가 진단해 보아요.

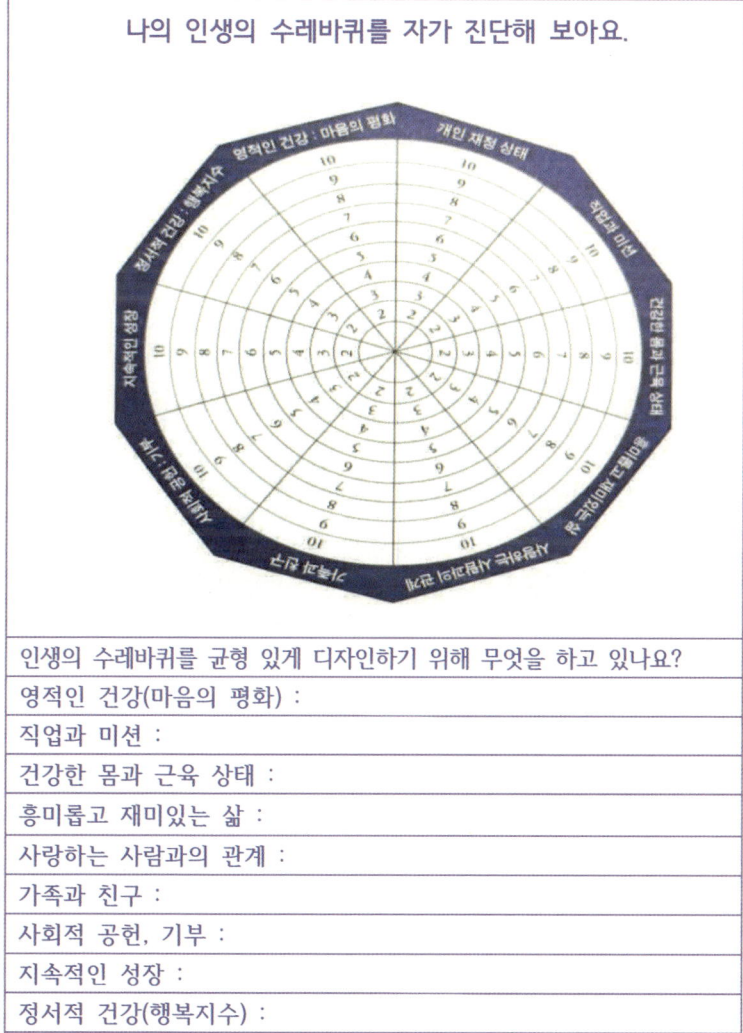

인생의 수레바퀴를 균형 있게 디자인하기 위해 무엇을 하고 있나요?
영적인 건강(마음의 평화) :
직업과 미션 :
건강한 몸과 근육 상태 :
흥미롭고 재미있는 삶 :
사랑하는 사람과의 관계 :
가족과 친구 :
사회적 공헌, 기부 :
지속적인 성장 :
정서적 건강(행복지수) :
개인 재정 상태 :

(A4로 사용했던 워크시트를 축소 편집한 워크시트)

《웰씽킹》으로 하브루타 워크시트 4

우리 함께 매일 긍정 확언을 외쳐요.

＊ 아침 긍정 확언 ＊

1]
2]
3]
4]
5]
6]
7]
8]
9]
10]
11]
12]
13]
14]
15]

(A4로 사용했던 워크시트를 축소 편집한 워크시트)

에필로그

　지금까지 지난 3년 동안 딸 고은이와 함께했던 하브루타 중에서 '자기 계발'에 관한 부분만 정리해서 언급했습니다. 고은이가 한창 사춘기였던 초6 때, 필자는 갱년기였습니다. 사춘기와 갱년기가 만나 하마터면 치열한 전쟁터가 될 뻔했던 우리 집이 하브루타 덕분에 평화로울 수 있었습니다. 때로 옛날 습관이 올라와 고은이를 내 마음대로 키우고 싶은 마음이 들 때도, 매주 하는 하브루타 덕분에 이겨낼 수 있었습니다.

　고은이와 필자가 한 하브루타들이 전통 유대인들이 하는 것처럼 완벽하지는 않습니다. 토론 대회에 나가 상을 타고 아이비리그 대학에 들어갈 만큼 고은이를 토론 천재로 만들지도 않았습니다. 지금까지는요. 하지만 하브루타 덕분에 고은이는 책을 즐겨 읽고, 책에 관해 엄마와 이야기 나누고, 자기의 생각을 거침없이 말하고, 질문하는 아이가 되었습니다. 다른 사람들의 생각이나 강요에 의해서가 아니라, 스스로 생각하고 계획하고 실행하는 아이가 되었습니다. 고은이 덕분에 필자는 생각하는 엄마, 공부하는 엄마가 되었습니다. 문제가 있을 때 잔소리나 싸움이 아니라, 함께 책을 읽으며 답을 찾아가는 가정이 되었습니다.

그런 의미에서 필자의 하브루타 목적을 이루었고, 또 이루어 가고 있습니다. 필자의 하브루타 목적은 아이들이 첫 번째로 엄마와 이야기하는 것을 기뻐하는 것이고, 두 번째로 책 읽기를 즐기는 것이고, 세 번째로 삶의 지혜를 책에서 찾는 것이고, 네 번째로 논리력을 키워가는 것입니다.

이 책을 읽는 모든 가정, 모든 부모와 자녀들이 필자가 누리는 이 기쁨과 은혜를 누리기를 바랍니다. 이 책을 읽으시는 모든 부모님도 하브루타를 실천하실 수 있습니다. 하브루타가 무엇인지 완전히 공부하고 시작할 필요도 없습니다. 하브루타는 손끝에서 생명이 왔다 갔다 하는 의학적 지식이 아닙니다. 깜박 잘못하면 큰일 나는 운전도 아닙니다. 하브루타는 지식과 지혜를 함께 찾아가는 질문과 대답들로 서로 경청하고 근거를 찾아 말하는 토론의 과정입니다. 아직 하브루타가 무엇인지 잘 몰라도, 자녀 교육에 관심을 가지시고 이 책을 보실 만큼 자녀들을 사랑하시는 부모님이라면 얼마든지 하브루타 하실 수 있습니다. 자녀의 말을 들어줄 마음의 준비가 되어 있다면 말이죠.

단, 한 가지 주의사항이 있습니다. 쉽지 않을 수도 있는데, 부모로서 가진 선입관을 버리셔야 합니다. 예를 들어 '학교 공부를 잘 해야 한다', '좋은 대학에 들어가야 한다'와 같은 생각을 아이에게 강요하면 안 됩니다. 아니, '대학에 꼭 가야 한다'

라는 생각 자체도 포기해야 할 수도 있습니다. 부모의 역할은 단지 아이가 자신의 꿈과 비전을 발견하고 이루어가도록 돕는 것입니다. 자녀를 통해 부모님의 꿈을 이루어가지 마시고, 부모님의 꿈은 부모님이 직접 이루어 가셔야 합니다.

필자도 큰아들을 아프게 하고야 그 사실을 깨달았습니다. 돌아보니 필자도 부모님의 기대가 늘 부담스러웠고, 제 아이들에게는 그러지 않기로 결단했습니다. 형 덕분에 둘째 아들은 중학교 때부터 학교 공부와 상관없이 자기 관심 분야를 유튜브와 책으로 자유롭게 공부하고 있습니다. 세상에 대한 호기심도 많고, 알고 싶은 것도 많은 둘째 아들은 늘 제가 생각지도 못하는 영역의 것들까지 공부할 때가 많습니다.

처음에는 걱정이 되었습니다. 학교 공부를 더 열심히 했으면 좋겠다는 마음도 들었습니다. 하지만 큰아들을 통해서 엄마나 학교가 강요하는 공부가 아이에게 얼마나 큰 상처가 되는지 깨달았기에 그저 믿어주고 응원해 주고 있습니다. 자신의 호기심을 찾아서 하는 자발적인 공부는 학교에서 시키는 공부보다 훨씬 재미있고, 그 배움의 깊이와 넓이가 무한대로 퍼져갑니다.

지금도 때론 걱정되기도 하지만 학교 공부로 스트레스받았던 필자의 고등학교 시절을 생각하면, 아이들에게는 그런 스트레스를 주긴 싫습니다. 필자는 스트레스를 받으며 공부했지만, 뛰어나지도 못해 이것도 저것도 아닌 끔찍한 고등학교 시절을 보냈습니다. 우리 아이들은 미래를 꿈꾸며 친구들과 좋은 추억 만들며 행복한 고등학교의 추억을 만들었으면 좋겠습니다. 다른 사람의 생각이나 편견이 아닌 자기 자신의 마음의 길을 따라 자신만의 꿈을 이루어가는 아이들이 되면 좋겠습니다.

지금은 4차 산업 시대입니다. 좋은 대학을 나왔다고 인생이 성공하는 시대는 지났습니다. 챗봇과 인공지능이 발달한 시대에 필요한 인재는 암기를 잘하고, 열심히만 일하는 인간이 아닙니다. 호기심을 가지고 생각할 줄 알고, 자기 생각을 정확하게 말하고, 다른 사람들의 의견을 들을 줄 아는 인재가 필요합니다. 친구들을 모두 경쟁자로 생각하여 혼자 공부하고 성공하는 인간이 아니라, 함께 소통하며 문제 해결력을 높여가는 리더가 필요합니다. 무엇보다 스스로 자신의 인생에 대해 생각하고 계획하고 실행하고 섬섬하며 또 앞으로 나아가는 사람 말입니다.

그래서 선택한 것이 하브루타이고 후회는 없습니다. 아니, 아이가 삶의 기쁨을 느끼며 활력을 갖고 살아가는 것을 보면 참 잘했다는 생각이 듭니다. **하브루타에서 엄마는 '선생님'이 아닙니다. 아이들과 함께 고민하고 함께 답을 찾아가는 '하브루타 짝'입니다.** 하브루타를 시작한 유대인들도 할아버지와 손자가 짝이 되어 함께 하브루타를 합니다. 할아버지와 아버지와 손주들이 세대를 초월하여 함께 책을 읽고 질문하며 답을 하며 소통하는 것이 바로 하브루타입니다. 필자의 아이들이 자라 손주들이 생기면, 필자도 아이들과 하브루타 하는, 말이 통하는 하브루타 할머니가 되고 싶습니다.

긴 글을 끝까지 읽어 주셔서 감사합니다. 이제 실천하시면 됩니다. 완벽하지 않더라도 오늘부터 하브루타를 실천하시어 모두 행복한 가정, 꿈이 있고 말이 통하는 가정 이루시기를 바랍니다.

정고은의 에필로그

꿈이 무엇인가요?
  패션 디자이너

그 꿈을 위해 무엇을 하고 있나요?
  옷 만들기, 악세사리 만들기, 패션 디자이너라는 직업에 대해서 자세히 알아보기, 현실적으로 잘 하수 없는가 알아보기 등

언제부터 하브루타를 했나요?
  초등학교 6학년 때부터

하브루타를 하니 어떤 점이 좋나요?
  생각의 폭이 넓어졌습니다.

하브루타를 하니 어떤 점이 힘드나요?

책 안에서 작가의 의도를 찾아야 하는 메시지가 상대적으로 힘들었습니다.

하브루타가 고은이 꿈과는 무슨 연관이 있는 거 같나요?

하브루타를 하면서 다양한 많은 책들을 접하게 되고 관련된 다양한 지식도 쌓을 수 있고, 내가 원하는 직업 말고도 어떤 것이 있는지 알려주고, 내가 정말 하고싶은 것을 성공하는 방법에 대해 알려주는 것이 꿈과 관련이 있다고 생각합니다

엄마와 하브루타 책을 함께 공저한 느낌이 어때요?

혼자 책을 낼때보단 더 여유를 가질 수 있어서 좋았고, 엄마와 함께 무엇인가를 해낸다는 마음이 들어 뿌듯했습니다.

고은이 엄마는 어떤 분인가요?

때론 친구가, 때론 선생님이, 때로는 엄마가 되어주는 엄마

엄마에게 하고 싶은 말이 있나요?

바쁜 와중에도 항상 하브루타 해주셔서 감사합니다♥

앞으로 하브루타를 어떻게 하고 싶나요?

나의 생각을 발전 시킬수 있는 하브루타를 하고 싶습니다

📖 참고한 책들

엘리 홀저 지음; 김진섭 번역, 《하브루타란 무엇인가》, D6 코리아 교육 연구원
유현심;서상훈 공저 ; 류아영 그림, 《하브루타 일상수업 (최고보다 '유티크'한 인재로 키우는 기적의 유대인 공부법)》, 성안북스
한근태 지음, 《고수의 질문법》, 미래의 창
배정욱 지음, 《마음의 별을 찾는 여행 하브루타》, 블레싱 북스
정고은 지음, 《하브루타로 책 속 여행》

2부에서 하브루타 예시에 사용된 책들

유리 슐레비츠, 《내가 만난 꿈의 지도》, 시공주니어
모치즈키 도시타카, 《보물지도》, 모치즈키 도시타카, 나라원
이지성, 《생각하는 인문학》, 차이
김정진, 《독서불패》, 자유로
박성혁, 《이토록 공부가 재미있어지는 순간》, 박성혁, 다산북스
허승환, 《공부가 좋아지는 허쌤의 공책레시피》, 테크빌교육
보도 섀퍼, 《보도 섀퍼의 이기는 습관》, 토네이도
함윤미 글, 조현숙 그림, 《어린이를 위한 정리정돈》, 위즈덤하우스
보도 섀퍼, 《열두 살에 부자가 된 키라》, 을파소
오그 만디노, 《위대한 상인의 비밀》, 월요일의 꿈
켈리 최, 《웰씽킹(부를 창조하는 생각의 뿌리)》, 다산북스

블레싱북스

블레싱북스는 블레싱자기경영연구소의 출판 브랜드입니다.

자기 주도적 행복한 리더로 키우는
실전! 가정 하브루타

초판 1쇄 발행 _ 2023년 12월 15일

지은이 _ 배정욱, 정고은
펴낸곳 _ 블레싱 자기경영 연구소
디자인 _ 정고은, 오시원

ISBN _ 979-11-982235-3-1 (13190)

등록 _ 2021년 10월 7일 (제2021-000015호)

전남 순천시 장명로 58. 3층
전화 (061) 725-5922 팩스 (061) 725-5922
이메일 holycity6821@gmail.com
블로그 https://blog.naver.com/holycity21
홈페이지 https://blessingschool.gomawar.kr
인스타그램 @skyblessingstar

* 책값은 뒤표지에 있습니다.
* 잘못 만들어진 책은 교환해 드립니다.